COCINA SANA PARA REDUCIR EL COLESTEROL

Edita Pospisil
Dr. Peter Schwandt / Dr. W. O. Richter

COCINA SANA PARA REDUCIR EL COLESTEROL

Exquisitas recetas, con numerosos
y prácticos consejos
para su preparación

Fotografías en color:
Odette Teubner y Kerstin Mosny

EDITORIAL EVEREST, S. A.

Madrid • León • Barcelona • Sevilla • Granada • Valencia
Zaragoza • Las Palmas de Gran Canaria • La Coruña
Palma de Mallorca • Alicante • México • Lisboa

En este libro encontrará

Sobre este libro

Hay que prestar mucha atención a los altos niveles de colesterol en la sangre, pues suponen un alto riesgo de calcificación prematura de los vasos (arteriosclerosis), que a menudo se prolonga durante años sin notarse y que casi siempre puede mejorarse mediante un cambio en la alimentación.

Podemos partir del hecho de que al menos una tercera parte de la población europea tiene un porcentaje de colesterol en la sangre demasiado alto. Decidir si este nivel de colesterol es peligroso y, por consiguiente, necesita tratamiento, es algo que tiene que hacer siempre el médico individualmente: como comentaremos más adelante en detalle, hay diversos tipos de colesterol y otros lípidos de la sangre. Pero aquí tienen que considerarse también otros factores de riesgo, como la hipertensión y el tabaco (por mencionar tan sólo los dos más peligrosos), a la hora de evaluar el peligro de arteriosclerosis.

Por otro lado, cuando existe un alto nivel de grasas en la sangre, hay otras enfermedades posibles y ciertos medicamentos que tienen que incluirse en esta evaluación si se quiere seguir el método terapéutico adecuado. Ilustremos esto con un ejemplo: una insuficiencia funcional de la glándula tiroides va acompañada por un alto nivel de colesterol. Si se diagnostica y somete correctamente a tratamiento esta insuficiencia funcional, el colesterol alto en la sangre también se normaliza en breve tiempo; en un caso como éste, un tratamiento adicional del aumento secundario del colesterol se hace totalmente superfluo. Lo mismo puede decirse de otras causas cuya eliminación conduce a la vez a una normalización de los lípidos de la sangre. En consecuencia, tratar niveles altos de colesterol es algo que requiere asistencia médica. La situación presenta un cariz totalmente diferente cuando se trata de un cambio preventivo de la alimentación. En los países centroeuropeos un 48% de la energía alimenticia consiste en grasa. Se sabe que una alimentación con un porcentaje de grasa de un 30% es mucho más sana. Es, pues, natural modificar la cantidad y el tipo de grasa a fin de tener una nutrición óptima. Que esto es realizable de manera relativamente fácil y también totalmente agradable, queda patente en este libro de cocina. Para concluir, hay que insistir en que un cambio de dieta que modifique las grasas constituye una medida preventiva absolutamente inofensiva que, con seguridad, redundará en provecho de su salud.

Prof. Dr. Peter Schwandt

Indicaciones importantes

Los consejos y recetas de este libro proceden de expertos y han sido comprobados. No está clausurada todavía la investigación médica en este terreno. Hay cuestiones aisladas sobre las que científicos de renombre mantienen opiniones contrapuestas. Por otro lado, cada organismo reacciona de manera diferente. En consecuencia, una dieta que persiga aliviar trastornos o enfermedades no deberá ponerse en práctica sin consultar con el médico al igual que si tratara de tomar cualquier tipo de medicamento. Consulte usted, pues, sin falta con su médico antes de comenzar con el cambio de alimentación.

Compre solamente cereales depurados, no deben contener impurezas ni semillas de malas hierbas (sobre todo semillas de la venenosa neguilla). Lo mismo puede decirse del cornezuelo, que vuelve a darse hoy con mayor frecuencia y ataca sobre todo al centeno. Es un grano de cereal de color negruzco, por lo general muy abultado. Consumido en grandes cantidades, provoca graves síntomas de intoxicación que ponen en peligro la vida. En las legumbres (semillas y vainas) está contenido un veneno natural, la faseolina. Cociéndolas suficientemente, este veneno se vuelve inofensivo. No habría que consumir con demasiada frecuencia brotes de legumbres, y sería conveniente calentarlos un poco o escaldarlos.

Pongámonos en el caso de que su nivel de colesterol es muy alto y su médico le ha recomendado modificar su alimentación. Con las numerosas sugerencias y recetas de este libro quisiera alentarle a cambiar para siempre las costumbres culinarias que ha venido siguiendo hasta ahora. Pues un tratamiento que tenga como finalidad reducir el colesterol dura toda la vida, y un cambio en la alimentación constituye la medida más eficaz al efecto. El libro tiene la finalidad de infundir ánimo a todos los afectados y despertar en usted, pero también en todos los miembros de su familia, una mayor «conciencia sobre el problema del colesterol». Todas las recomendaciones relativas a la alimentación son actuales y se basan en los conocimientos científicos más recientes.

Un nivel de colesterol alto no duele, quizá por eso no se ha tomado muy en serio el consejo del doctor de modificar la alimentación. Quizá le cueste modificar su alimentación tan sólo por el hecho de que le faltaban los conocimientos necesarios al respecto. Los numerosos consejos e informaciones sobre los alimentos, así como una amplia exposición sistemática sobre temas que tienen que ver con la alimentación, le ayudarán, con seguridad, a superar esas lagunas.

En la parte dedicada a la alimentación le indico cómo puede usted reducir el nivel de colesterol de una manera natural y sin efectos secundarios. Así se enterará de los aspectos importantes a tener en cuenta cuando se quiere modificar los hábitos alimenticios. Recibirá todas las informaciones que necesita para la práctica. De manera fácilmente comprensible, le pondré al corriente de las medidas más importantes para reducir el colesterol. Cuando haya leído ese apartado, estará en condiciones de establecer por sí mismo lo que hace mal y lo que puede hacer mejor. Sabrá todo lo que hay que saber sobre sustancias nutritivas, cuántas necesita y dónde se encuentran. Estas informaciones se complementan con consejos prácticos, tablas, indicaciones de valores nutritivos y planes para menús diarios.

Comprobará muy rápidamente que esta nueva y sana forma de alimentarse no es de ninguna manera insípida o aburrida. Podrá percatarse de esto con sólo hojear el libro, pues cada una de las seductoras recetas está recogida en una fotografía en color que abre el apetito. Las fotos han sido hechas en exclusiva para este libro y anticipan el sabor que le espera después de preparar las recetas. Con ayuda de éstas le resultará muy sencillo poder cambiar a una alimentación rica en hidratos de carbono y fibra, al tiempo que pobre en grasa y colesterol. Si usted no podía imaginarse hasta ahora que para desayunar hubiera algo más que pan con mantequilla y mermelada, yo le demostraré lo contrario con mis «ideas para el desayuno». No tiene más que probar unos müslis, una papilla de cereales o pan untado con cremas vegetales. Quedará entusiasmado. Si la carne era su alimento favorito a la hora de la comida, no la echará de menos en los seductores platos vegetarianos de este libro, como la sartén de setas y espinacas, por ejemplo. También le ofrezco alternativas pobres en grasas para sustituir en el pan al querido embutido. Créame: el pastel de caballa o la pasta de garbanzos con hierbas están exquisitos. También conocerá nuevos alimentos, como los productos derivados de la soja o el salvado de avena, así como sus posibles aplicaciones. Le sorprenderá cuán sana y sabrosa puede llegar a ser su alimentación.

Y otra cosa, usted no tiene por qué ser ningún marginado en la mesa familiar y comer algo tan sólo porque su nivel de colesterol sea alto, pues las recetas están calculadas —con algunas excepciones— para 4 personas, de modo que su familia pueda acompañarle en la comida y sacar también provecho de estos manjares.

Sólo me queda desearle que con este libro logre controlar su nivel de colesterol y esperar que las numerosas recetas, consejos e indicaciones le sirvan de ayuda para ello.

Atentamente
Edita Pospisil

Introducción médica

Su médico le ha comunicado que usted tiene un nivel de colesterol demasiado alto y le ha recomendado un cambio de alimentación. Ahora, claro está, se preguntará usted: ¿qué es eso del colesterol? ¿De qué modo puede servir de ayuda lo que como? ¿Tengo que renunciar ahora a todo lo que me gusta comer? En esta introducción responderemos a sus preguntas, y podemos asegurarle desde este momento que usted puede hacer mucho, pero mucho, por volver a la normalidad su nivel de colesterol.

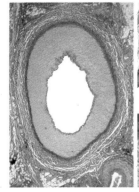

En estas dos ilustraciones puede verse una sección de dos vasos sanguíneos diferentes. A la izquierda, un vaso sano, y a la derecha, uno modificado por la arteriosclerosis.

Nivel de colesterol alto y arteriosclerosis

Según una estadística de la Organización Mundial de la Salud (OMS), la República Federal de Alemania ocupa un triste puesto de cabeza entre los países occidentales industrializados, en lo relativo a muertes por enfermedades cardíacas y circulatorias. Ya tan sólo el infarto de miocardio agudo arroja un balance de unas 80000 muertes anuales. El infarto de miocardio es una de las más graves complicaciones de la arteriosclerosis, la calcificación prematura de los vasos. El colesterol juega un papel esencial en su formación. El colesterol se encuentra en muchos alimentos de origen animal. Ahora bien, el hombre no tiene por qué adquirirlo por medio de la alimentación, ya que el cuerpo mismo puede producirlo. En calidad de sustancia estructural, es un elemento importante de todas las membranas celulares. Además, a partir de él se forman ácidos biliares, hormonas corticales de las cápsulas suprarrenales y hormonas sexuales, así como la fase previa de la vitamina B.

En la mayor parte de los casos, estos estrechamientos de las arterias son originados por la arteriosclerosis. Al dañarse la túnica interior de las arterias a causa de un exceso de colesterol o nicotina, o debido a la hipertensión, se llega a una sobreformación patológica de fibra muscular y tejido conjuntivo, así como a una aglomeración de colesterol. Después comienza la calcificación. Las túnicas interiores de los vasos sanguíneos son dañadas por estas alteraciones inflamatorias. Debido a estos daños producidos por la arteriosclerosis, los vasos sanguíneos se estrechan o se cierran del todo. En la figura siguiente puede verse esto claramente. No obstante, la causa más frecuente del cierre de una arteria hay que buscarla en los coágulos que se forman en las superficies inflamadas de las zonas alteradas por la arteriosclerosis. A causa del cierre repentino de una arteria, las partes de tejido que eran abastecidas por ese vaso ya no pueden recibir suficiente oxígeno y sustancias nutritivas, con lo que mueren si no se vuelve a establecer rápidamente el

¿Qué es la arteriosclerosis?

Todos los tejidos del cuerpo humano necesitan, para el mantenimiento de su metabolismo y sus funciones, sustancias nutritivas y oxígeno. Estos son transportados a través de las vías sanguíneas (arterias). Para obtener un suministro de sangre suficiente es necesario un riego sanguíneo que se ajuste a las necesidades de los tejidos. A tal fin, los vasos sanguíneos tienen un tamaño que permite poner a disposición sangre en cantidad suficiente incluso bajo condiciones de esfuerzo, como, por ejemplo, al practicar deporte. En las figuras que aparecen a continuación puede verse el aspecto de un vaso sano y otro enfermo. Si las arterias se estrechan, no se puede cubrir completamente la necesidad de oxígeno y sustancias nutritivas en los tejidos que son abastecidos por esos vasos. Así, se presentan síntomas de carencia de oxígeno, al principio sólo en condiciones de esfuerzo físico, que se manifiestan, por ejemplo, en forma de dolores cardíacos motivados por la falta de riego (angina de pecho).

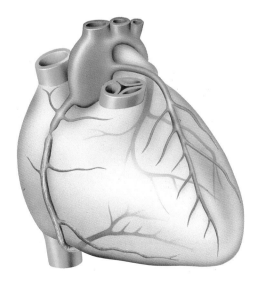

Debido al estrechamiento de la arteria, el tejido no puede ser abastecido con suficiente oxígeno.

abastecimiento de sangre (véase figura). Un accidente semejante se manifiesta en el corazón en forma de infarto. Si las afectadas son las arterias que abastecen el cerebro, tiene lugar un ataque de apoplejía. Según el lugar donde se haya producido el cierre, las consecuencias serán una hemiplejía, disfasia o perturbaciones del equilibrio. Pero también puede verse afectado el abastecimiento de sangre a los ojos (ceguera), las arterias de las piernas (predominando la necrosis en los dedos de los pies), el intestino e, igualmente, las arterias de los riñones. Cualquier tejido del cuerpo humano puede verse dañado por la arteriosclerosis.

¿Cómo puede evitarse la aparición o el avance de estas alteraciones arterioscleróticas?
Hoy se sabe que determinados factores de riesgo son responsables de la aparición prematura de la arteriosclerosis. A éstos pertenecen:

- las alteraciones del metabolismo de las grasas, especialmente un alto nivel de colesterol en la sangre
- el tabaco
- la hipertensión
- el azúcar en la sangre (diabetes mellitus)
- el sobrepeso
- valores altos de ácido úrico en la sangre (hiperuricemia).

La importancia que reviste el nivel alto de colesterol en la sangre para el desarrollo prematuro de la arteriosclerosis se patentiza al repasar el historial clínico de pacientes con un exceso congénito de colesterol en la sangre (hipercolesterolemia familiar). Hay dos formas distintas de este exceso de colesterol en la sangre genéticamente condicionado. En un caso (homocigotos), los valores del colesterol en suero están entre 600 y 1000 mg/dl (frecuencia 1: 1000000). Si esta forma no es tratada suficientemente, tendrá lugar un infarto de miocardio antes de alcanzar la edad de 20 años. Pero también en la otra forma de esta alteración genética (heterocigotos), que es esencialmente más frecuente (1 de cada 500 personas están afectadas), suele sobrevenir un infarto de miocardio entre los 40 y los 60 años de edad, en el caso de que los valores del colesterol en suero estén entre 350 y 700 mg/dl.

Valores elevados de colesterol en suero debido a una mala alimentación

Pero ¿qué es lo que ocurre cuando se trata de valores de colesterol en suero (suero es la proporción de sangre tras la separación de las células de sangre) entre 350 y 700 mg/dl, que la mayoría de las veces están motivados por una mala alimentación? ¿Pueden considerarse estos valores responsables de una aparición prematura de la arteriosclerosis?
Sobre esto podrían arrojar luz dos grandes estudios de población. Uno de ellos se efectuó en los Estados Unidos de América, donde se observó, por espacio de 6 años, a más de 361000 hombres de edades comprendidas entre 35 y 57 años. Se mostró que en comparación con un nivel de colesterol en suero por

debajo de los 200 mg/dl, morían el doble de hombres por infarto de miocardio cuando el valor de colesterol en suero se encontraba a 240 mg/dl, y el triple si los valores alcanzaban 280 mg/dl. Esto fue confirmado también por los resultados del llamado «Pooling Projects», en el que se recopilaron datos obtenidos de hombres en edades comprendidas entre los 40 y los 59 años. Según este estudio, el número de los que sufrían de una arteriosclerosis prematura de los vasos coronarios era casi tres veces mayor en aquellas personas cuyo valor de colesterol en suero se hallaba entre 240 y 270 mg/dl que en las que tenían un valor por debajo de los 194 mg/dl.

Valores tipo

Sobre la base de estos conocimientos, expertos de los EE.UU. y de Europa han establecido valores límite para un «nivel normal de colesterol en suero». Un valor de colesterol en suero que se encuentre por debajo de los 200 mg/dl es, en opinión de los especialistas, normal. Los valores entre 200 y 250 mg/dl están en la línea fronteriza, y un valor que exceda los 250 mg/dl es claramente demasiado alto. En la tabla que viene a continuación puede constatarse a partir de qué momento los valores de la grasa de la sangre suponen un riesgo. También se encuentran los valores normales para el colesterol LDL y HDL, así como para los triglicéridos.

Valores tipo para las grasas de la sangre (mg/dl)

Colesterol en suero	Colesterol LDL	Colesterol HDL	Trigli-céridos
normal			
<200	<135	>45	<200
valor límite			
200-250	135-155	35-45	200-300
alto			
>250	>155	<35	>500

¿Cómo conduce a la arteriosclerosis un nivel alto de colesterol?

El colesterol es una grasa y, por ello, no hidrosoluble. De ahí que no pueda ser transportado en la sangre de forma libre. Para que sea susceptible de ser transportado, se une a determinadas proteínas (apolipoproteínas). Las combinaciones de proteínas y colesterol se llaman lipoproteínas. Además de colesterol y apolipoproteínas, estas partículas contienen también otras sustancias lípidas en diferentes cantidades, los triglicéridos y fosfolípidos. Las lipoproteínas están sujetas a un metabolismo constante, es decir que están sintetizándose, hidrolizándose y transformándose sin interrupción. Existen trastornos del metabolismo por los cuales, o bien no se producen suficientes lipoproteínas, o bien se hidrolizan muy pocas y/o no se transportan de la sangre a los tejidos.

Las distintas lipoproteínas

Entre las más importantes lipoproteínas se encuentran:
- lipoproteínas de muy baja densidad *(very low density lipoproteins - VLDL)*
- lipoproteínas de densidad intermedia *(intermediate density lipoproteins - IDL)*
- lipoproteínas de baja densidad *(low density lipoproteins - LDL)*
- lipoproteínas de densidad elevada *(high density lipoproteins - HDL)*

La figura que viene a continuación muestra cómo se metabolizan las lipoproteínas.
Las VLDL se forman en el hígado y pasan a la sangre. Ahí son hidrolizadas por un enzima, el *lipoprotein lipasa,* que se encuentra en todos los revestimientos de los vasos sanguíneos pequeños, sobre todo en los músculos y en el tejido adiposo, que las transforma primero en IDL, para convertirlas luego en LDL (véase figura). Estas LDL, muy ricas en colesterol, pueden introducirse en las células por medio de puestos especiales de absorción (receptores). Estos receptores se encuentran en casi todos los tejidos y órganos. Un porcentaje determinado de las LDL, sin embargo, es absorbido siempre por los llamados macrófagos. Los macrófagos son células de la sangre que pueden coger colesterol. Son algo así como la «policía» del cuerpo humano.

Metabolismo de las VLDL

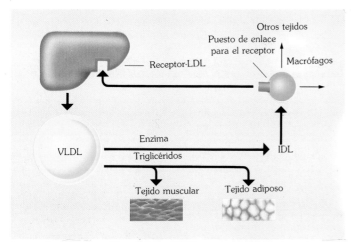

A partir de triglicéridos, el hígado forma VLDL que son transformadas en la sangre en LDL. A través de puestos de enlace especiales, las LDL vuelven al hígado, llegan a otros tejidos o son absorbidas por macrófagos.

Los dos premios Nobel americanos Brown y Goldstein consiguieron aclarar la anomalía subyacente al metabolismo de las lipoproteínas en el caso de los pacientes con hipercolesterolemia congénita (familiar). Descubrieron que en los heterocigotos, el número de puestos de absorción de LDL en las diversas células del cuerpo está reducido, mientras que en los homocigotos falta por completo. De ahí que las LDL no puedan ser evacuadas de la

sangre en medida suficiente, concentrándose allí. Esto puede detectarse midiendo las partes de colesterol de las LDL (colesterol LDL). Dado que la absorción de colesterol por parte de los macrófagos es independiente de los receptores, hay una mayor cantidad de LDL que son asimiladas por aquéllos. La consecuencia es que los macrófagos están sobrecargados de colesterol. A partir de ese momento se convierten en células de espuma, que constituyen siempre un indicio de arteriosclerosis. Así pues, las LDL son una de las lipoproteínas que más fomentan la aparición de la arteriosclerosis. La cantidad de colesterol-LDL en la sangre puede medirse. De este modo es posible calcular el grado de riesgo.

La saludable HDL

También hay en el cuerpo una lipoproteína que tiene propiedades positivas. Es capaz de absorber colesterol almacenado en células de tejidos y macrófagos y volver a transportarlo de vuelta al hígado, donde se hidroliza. Se trata de las HDL. Cuanto más grande sea el valor HDL en la sangre, tanto más colesterol depositado puede volver a movilizarse e hidrolizarse. Esto significa que, en caso de un alto nivel de colesterol en suero, para poder estimar el riesgo de que sobrevenga prematuramente una afección cardíaca coronaria, es importante conocer la cantidad de colesterol tanto en las LDL como en las HDL. El fin al que habría que aspirar consiste en tener la cantidad de colesterol más baja posible en las LDL y la más alta posible en las HDL. Así se vería reducido el riesgo de una arteriosclerosis prematura.

Objetivos terapéuticos

Si el valor del colesterol LDL o en suero es alto, no basta con reducirlo en 10 ó 20 mg/dl. En lugar de esto, es absolutamente necesario lograr alcanzar los valores establecidos por los expertos. Sólo de este modo podrá frenarse o incluso invertirse el proceso de evolución de la arteriosclerosis. Es conveniente alcanzar los siguientes objetivos terapéuticos:

Valores óptimos de colesterol

	Colesterol en suero en mg/dl	Colesterol LDL en mg/dl
sin otro factor de riesgo	215	155
con más factores de riesgo (por debajo de)	200	135

Introducción médica

Se ha investigado la influencia que tiene una reducción del nivel de colesterol en suero sobre los valores de la grasa de la sangre. Todos los estudios arrojaron un resultado muy positivo: en el caso de una reducción media del colesterol en suero de un 1%, el riesgo de una afección cardíaca coronaria disminuye en un 2%. Si al mismo tiempo se aumentaban las HDL, que sirven de protección contra la arteriosclerosis, y se reducían los triglicéridos en suero, el resultado era todavía más favorable.

La reducción del nivel de colesterol tiene como consecuencia un mejor pronóstico

Alto nivel de triglicéridos en la sangre

Los triglicéridos son, junto con el colesterol, la segunda materia grasa más importante que hay en la sangre. En gran parte, los triglicéridos proceden de la alimentación. La siguiente figura muestra como se metabolizan. Los resultados de las más recientes investigaciones ponen de relieve que también los valores altos de triglicéridos en suero van acompañados de un riesgo de arteriosclerosis igualmente alto. Esto es especialmente válido para productos de hidrolización de lipoproteínas ricas en triglicéridos, como el residuo de quilomicrones (remanente) y las IDL, por ejemplo.

Metabolismo de las grasas de la dieta

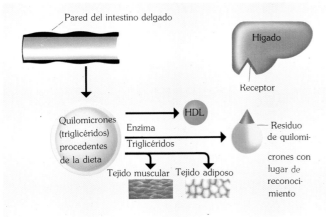

Los triglicéridos procedentes de la dieta van a parar a la sangre como quilomicrones. Éstos se hidrolizan, dando HDL y remanente. El remanente está compuesto de colesterol que es incorporado por el hígado.

Cuando tiene lugar un aumento pronunciado de los triglicéridos (más de 500 mg/dl), el suero adquiere un aspecto turbio y lechoso. De este modo se ve considerablemente menoscabada la fluidez de la sangre. Esto tiene un efecto particularmente negativo en los vasos sanguíneos de muy pequeño tamaño. Las consecuencias pueden ser inflamaciones del páncreas, fuertes dolores en la zona del vientre o, también, trastornos circulatorios en cerebro y corazón.

Como se ha dicho, un colesterol alto en suero es responsable de la aparición o el empeoramiento de una dolencia arteriosclerótica. Si se dan otros factores de riesgo, como el tabaco, el sobrepeso, la hipertensión, azúcar en la sangre (diabetes mellitus) o una hipericemia, entonces no es que el riesgo sufra un mero aumento, sino que se multiplica. Esto quiere decir que tiene poco sentido reducir el nivel de colesterol en suero y seguir fumando. Por este motivo es muy conveniente eliminar todos los factores de riesgo. Las medidas más importantes a tomar son, pues:

Otros factores de riesgo

- dejar de fumar;
- reducir el sobrepeso;
- controlar la tensión arterial y, de ser necesario, someterse a tratamiento médico;
- si existe al mismo tiempo una diabetes, hay que regular de manera óptima el azúcar de la sangre. Aquí puede decirse los mismo que en el caso de un alto nivel de colesterol: ¡un poco no sirve de nada!
- una hiperuricemia debería tratarse con una dieta y/o medicamentos.

Principios de una alimentación que reduzca el colesterol

El colesterol, como factor de riesgo, no es ningún problema agudo, sino crónico. La factura por llevar una alimentación inadecuada sólo la pagaremos años más tarde. La primera medida para reducir un colesterol alto en suero es, por lo tanto, el cambio de la alimentación. Incluso cuando se ingieran adicionalmente medicamentos, una nutrición que modifique las grasas seguirá siendo la base del tratamiento. Los principios de una alimentación que modifique las grasas se basan en las recomendaciones de la Sociedad Europea de Arteriosclerosis (1988). Según dichas recomendaciones, esta alimentación que modifica las grasas ha de componerse de lo siguiente:

Alimentación recomendada

Sustancia nutritiva	Porcentaje de la ingestión diaria	
Hidratos de carbono	50-60%	de la ingestión
Proteínas	10-20%	total de
Grasas	30%	energía
ácidos grasos saturados	10%	
ácidos grasos monoinsaturados	10%	
ácidos grasos poliinsaturados	10%	
Colesterol	menos de 300 mg	
Fibra	35 g	

Esto significa:
1. Comer menos grasas.
2. Limitar los ácidos grasos saturados, en especial los procedentes de alimentos animales.
3. Utilizar con más frecuencia ácidos grasos monoinsaturados (aceite de oliva) y poliinsaturados, como los procedentes del aceite de girasol, el de cártamo, el de soja y el de germen de maíz.
4. Si consume carne, entonces coma preferentemente variedades con una alta proporción de proteínas y un escaso contenido en grasas (pocos ácidos grasos saturados), por ejemplo, pescado o determinadas variedades de ave.
5. Dé preferencia a alimentos ricos en fibra (véase tabla de las páginas 114/115).
6. Evite alimentos ricos en colesterol (para el contenido en colesterol de los alimentos, véase la tabla de las páginas 112 a 114).

Estos principios de una dieta que modifique las grasas pueden resumirse en una «triple regla»: sólo un 30% de la energía, como máximo, debería consistir en grasa, y ésta debería consistir a su vez en un tercio:

- de grasas saturadas
- otro de grasas monoinsaturadas
- y otro de grasas poliinsaturadas.

Lo que ayuda a ahorrar grasa

El contenido en grasa de los alimentos ya se reduce con sólo quitar la grasa visible, por ejemplo, los bordes de grasa de la carne, y renunciar al tocino. Han de tener preferencia las variedades de carne y embutido, leche y productos lácteos que sean pobres en grasa. A menudo, basta con limitar el contenido total en grasa para reducir la ingestión de colesterol. Es aconsejable preparar todos los platos con poca grasa. Los procedimientos de cocción más favorables en este sentido son hervir, asar a la parrilla y rehogar en un poco de agua o grasa. Al freír y estofar se puede ahorrar grasa cuando se emplean sartenes antiadherentes, papel de aluminio o película transparente para asar, así como recipientes de terracota (véanse páginas 24 a 27). No coma nada que haya sido frito en mucho aceite. Se puede empezar a influir en el contenido en grasas de los alimentos al hacer la compra: seleccione a propósito productos nutritivos pobres en grasa. Las notas incluidas en el envoltorio dan información sobre el contenido en grasa de los productos (véase página 22). Es preferible preparar uno mismo la comida a comprar platos preparados.
El contenido en colesterol de la dieta se ve, por supuesto, reducido si se renuncia sobre todo a aquellos alimentos con un contenido en colesterol muy alto. Entre éstos cuentan:
- La yema de huevo y los alimentos producidos a partir de ella. Una yema contiene aproximadamente 300 mg de colesterol, es decir: justamente la cantidad permitida al día.
- Productos de casquería (despojos)
- Sesos
- Variedades de carne que contengan mucha grasa.

La importancia de los ácidos grasos insaturados

Las grasas nutritivas (triglicéridos nutritivos) constan de glicerina y ácidos grasos. Todas las grasas constan de átomos de carbono que están yuxtapuestos en diversa cantidad formando una cadena. A estas cadenas de átomos de carbono se adicionan átomos de hidrógeno. Si todos los puestos de enlace de los átomos de carbono están ocupados por átomos de hidrógeno, se habla de ácidos grasos saturados. Pero si uno o varios de estos puestos de enlace no están ocupados por átomos de hidrógeno, entonces surge entre dos átomos de carbono un doble enlace. De este modo se forma un ácido graso monoinsaturado. En el caso de ácidos grasos poliinsaturados hay varios de estos dobles enlaces. Los ácidos saturados y los monoinsaturados pueden ser producidos por el propio cuerpo. Esto no es válido para algunos ácidos poliinsaturados, por ejemplo, el ácido linólico. Éstos tienen que ser ingeridos con los alimentos.
Los ácidos grasos monoinsaturados se encuentran en abundancia en el aceite de oliva; los poliinsaturados, en la mayor parte de los aceites vegetales, con excepción de la grasa de coco y el aceite de palma y de oliva.
A la proporción de los ácidos poliinsaturados con respecto a los saturados se la llama cociente P/S. Esta proporción debería mantenerse en 1 y no ser nunca mayor de 1,5, pues de lo contrario el colesterol HDL, que tiene un efecto antiesclerótico, se vuelve muy escaso.
Durante mucho tiempo se ha venido considerando a los ácidos grasos monoinsaturados como un factor negativo. No obstante, ciertas investigaciones realizadas en los últimos años han mostrado claramente que su incidencia en el colesterol en suero es tan beneficiosa como la de los ácidos poliinsaturados, y tampoco reducen el colesterol HDL.
Una alta ingestión de ácidos grasos mono y poliinsaturados tiene como consecuencia un incremento de los puestos de absorción de LDL en las células del hígado. Debido a esto, el hígado absorbe más LDL de la sangre, disminuyendo de este modo su concentración. Todas las personas reaccionan de diversa manera a la modificación de las grasas, por lo que no puede hacerse ninguna afirmación general sobre los resultados de una alimentación tendente a reducir el colesterol. Naturalmente, el éxito más evidente en lo que a esta alimentación se refiere, se dará en aquellas personas que han venido llevando una dieta inadecuada. Mediante esta alimentación podrá reducirse probablemente en un 25% el colesterol en suero.
Tan sólo en el caso de un reducido número de personas no es posible reducir el colesterol en suero aplicando medidas dietéticas. Esto se refiere a aquellos que padecen de una alteración congénita del metabolismo de lipoproteínas. En las tablas están ordenados los alimentos apropiados, los que pueden comerse, pero con control, y los que han de ser limitados.

Introducción médica

Además de los principios expuestos hasta ahora, hay que mencionar toda una serie de elementos nutritivos que también tienen influencia sobre el metabolismo.

Aceites de pescado con ácidos grasos 3-omega

Los esquimales y los pescadores japoneses rara vez padecen un infarto de miocardio. Este fenómeno se explica gracias a que esquimales y japoneses comen mucho pescado. Consumen, en primer lugar, pescados marinos, que contienen muchos ácidos grasos 3-omega (véase tabla de la página 114). Los ácidos grasos 3-omega son ácidos grasos poliinsaturados. No influyen de manera esencial en el colesterol LDL y en suero, pero son capaces de reducir de un modo eficaz los triglicéridos en suero. Por otro lado, inciden positivamente sobre factores que participan en la formación de la arteriosclerosis. Así, por ejemplo, impiden que los trombocitos se peguen a las paredes de los vasos enfermos. No obstante, faltan todavía estudios a largo plazo que confirmen que los aceites de pescado son inofensivos. De ahí que no pueda recomendarse aún utilizar a diario aceite de pescado. Por el contrario, en lo que sí están de acuerdo los especialistas es en lo razonable de comer dos veces por semana pescado marino.

Las proteínas de las judías de soja

Los vegetarianos tienen un nivel de colesterol más bajo que el resto de la población. Por supuesto que esto no se debe sólo al consumo de proteínas vegetales. En caso de colesterol alto en suero, tanto la ingestión de proteínas de judías de soja solas como su mezcla con proteínas animales conducen a un ligero descenso del colesterol en suero.

Fibras

Se denominan fibras a aquellos elementos componentes de los alimentos que no pueden ser aprovechados por el aparato digestivo. Se trata de sustancias glúcidas complejas. El consumo de fibras previene el estreñimiento. Además, se supone que ayudan a evitar el cáncer y el divertículo del intestino grueso. Una nutrición rica en fibras conduce a un descenso del colesterol en suero. Investigaciones realizadas con las diversas fibras han puesto de manifiesto que el salvado de trigo no tiene ningún influjo sobre el colesterol en suero. Por el contrario, mediante una ingestión muy alta de salvado de avena (100 g/día) se consigue una reducción del colesterol en suero de aproximadamente un 15%. Otras fibras, como la pectina, por ejemplo, que se encuentra en las manzanas y en los cítricos, tienen igualmente una influencia positiva. Si se comiesen a diario 4 manzanas, podría rebajarse el colesterol en suero en un 10%.

Alcohol

El alcohol no tiene ninguna influencia directa sobre el colesterol LDL. Sin embargo, es capaz de hacer aumentar de manera muy considerable la formación de VLDL en el hígado. De este modo, los triglicéridos en suero pueden intensificarse drásticamente. Por otro lado, el alcohol aumenta en pequeñas cantidades las HDL, pero por desgracia sólo una porción de éstas que no guarda relación con la arteriosclerosis.

Sobrepeso y metabolismo de las grasas

El sobrepeso constituye siempre un factor de riesgo independiente con respecto a la afección cardíaca coronaria. Esto se aplica especialmente a aquellos que tienen el tejido adiposo concentrado sobre todo en la zona del abdomen. Pero es frecuente que se den al mismo tiempo otros factores de riesgo que incidan en una afección cardíaca coronaria, tales como el azúcar en la sangre (diabetes mellitus), la hipertensión o trastornos metabólicos. Las personas con sobrepeso tienen bajo, sobre todo, el colesterol HDL, que reacciona contra la arteriosclerosis. No obstante, éste puede ser aumentado a largo plazo mediante una reducción de peso. En cualquier caso, para tratar los trastornos metabólicos que se dan con el sobrepeso, es necesario primero reducirlo. El adelgazamiento tiene que ir siempre acompañado de una modificación a largo plazo de los hábitos culinarios. Pues sólo cuando se reduce el peso de manera duradera, disminuye el riesgo de arteriosclerosis. El riesgo aumenta claramente a partir de un sobrepeso del 15% por encima del llamado peso normal (la estatura en cm, menos 100).

¿Cómo puede aumentarse el colesterol HDL?

Las HDL protegen los vasos contra la arteriosclerosis; su aumento, junto con la disminución del colesterol LDL, contribuye a disminuir el riesgo. Se influye positivamente sobre las HDL cuando no se fuma, cuando se practica deporte y se normaliza el peso. El tabaco debería suprimirse a toda costa independientemente de sus efectos sobre el colesterol HDL, pues constituye un factor de riesgo autónomo.

La alimentación en caso de un nivel alto de triglicéridos en suero

Si los triglicéridos, por su parte, están altos, deberá renunciarse al alcohol. Habría que evitar el azúcar, así como alimentos y bebidas azucarados. En la parte dedicada a la alimentación y en las recetas encontrará numerosos consejos y sugerencias que le serán de ayuda para modificar su alimentación.

Alimentos apropiados para una nutrición que modifique las grasas

Grupo de alimentos	Variedad de alimentos
Carne	Aves (pollo asado, pavo, perdiz, faisán sin piel), carne de ternera, carne magra de buey, conejo, liebre, venado, corzo, jabalí
Embutidos y fiambres	Variedades que tengan un contenido en grasa de hasta un 20%, asados fríos de carne magra, asados de ave, rosbif, carne picada a la tártara sin yema de huevo, carne enlatada, cecina, jamón crudo y cocido sin el borde de grasa, jamón ahumado, embutido de pavo y de buey
Gelatina	Gelatina de carne de ternera, de jamón y de ave
Pescado	Bacalao, halibut, merluza, gallineta, bacalao, carbonero, platija, solla, lenguado, rodaballo, trucha, lucioperca, lucio, tenca, corégano, barbo
Leche y productos lácteos	Leche semidesnatada (1,5% de mat. grasa), leche desnatada, suero de la leche, productos lácteos semidesnatados (1,5% de mat. grasa), yogur, leche cuajada, requesón magro, requesón granulado (20% de mat. grasa), requesón a capas (10 y 20% de mat. grasa)
Huevos	Clara
Cereales	Alforfón, cebada, escanda, mijo, centeno, avena, trigo, arroz integral
Legumbres	Alubias, lentejas, guisantes, garbanzos, judías de soja
Pastas alimenticias	Pastas alimenticias a base de trigo duro, otras pastas alimenticias elaboradas sin huevo
Albóndigas	Albóndigas de patata rallada
Pan	Pan integral de trigo y de centeno, biscotes y panecillos integrales
Bollos y pasteles	Variedades elaboradas con grasas vegetales de alto valor nutritivo, con leche semidesnatada y sin yema de huevo. Pasteles a base de masa de levadura
Patatas	Todos los platos a base de patatas, siempre que hayan sido preparados con grasas vegetales de alto valor nutritivo, con leche semidesnatada y sin yema de huevo.
Verduras	Todas las variedades de verdura: cocidas, crudas o preparadas en ensalada
Frutas	Todas las variedades
Sopas	Caldos desgrasados, caldos claros de carne caseros, caldos de verduras
Edulcorantes	Sacarina, ciclamato
Comidas dulces	Budín de frutas, budín de leche a base de leche semidesnatada, sorbetes y sorbetes de frutas, cacao (muy desgrasado)
Bebidas	Café, té, café de malta, agua mineral, zumos de frutas y de verduras, refrescos con edulcorantes

Con las sugerencias y recetas de este libro se puede poner fácilmente en práctica una alimentación que modifique las grasas y que se convierta en dieta a largo plazo.

Alimentos en los que hay que prestar especial atención al contenido total de grasas y/o de colesterol

Grupo de alimentos	Variedad de alimentos
Grasas	Aceite de oliva, aceite de germen de maíz, aceite de girasol, aceite de cártamo, aceite de soja y aceite de linaza
Carne	Carne de cordero, carne de cerdo, solomillo de buey, carne magra de buey picada
Leche y productos lácteos	Leche y productos lácteos semidesnatados
Pescado	Salmón, arenque, caballa, atún
Frutas	Aguacate
Frutos secos, pipas, semillas	Todas las variedades

Alimentos cuyo consumo ha de limitarse lo máximo posible

Grupo de alimentos	Variedad de alimentos
Grasas	Mantequilla, manteca, manteca de ganso, aceite de coco, aceite de palmiste, margarina con un bajo contenido en ácidos grasos poliinsaturados y mayonesa
Carne	Variedades grasas de carne de cerdo, buey y cordero, carne picada mezclada, tocino, carne magra mechada con tocino, pato, oca, gallina para sopa, productos de casquería, como corazón, riñones, hígado, mollejas, sesos; carne en conserva
Embutidos y fiambres	Todos los embutidos que contengan más de un 20% de mat. grasa, embutido de carne picada magra condimentada, salami, morcilla, morcilla de hígado, paté de hígado, salchichas
Pescado	Anguila, calamar, ostras, gambas, bogavante, langosta, carpa de cría, pescados en conserva con salsa, pescados aliñados, pescados empanados y caviar
Huevos	Yemas y comidas elaboradas con ellas, huevos revueltos, huevos fritos, tortillas
Leche y productos lácteos	Leche entera y demás productos elaborados con ella, leche de calidad extra, kéfir, yogur, requesón y cuajada con crema de leche, variedades de queso que contengan más de un 30% de mat. grasa en la masa seca.
Pastas alimenticias	Pastas alimenticias a base de huevo
Albóndigas	Todas las variedades con excepción de las de patata rallada
Bollos y pasteles	Tartas, masa de hojaldre, pastelitos de crema, buñuelos, bizcocho
Comidas dulces	Chocolate, bombones, mazapán, turrón, cobertura de chocolate, caramelos de leche y de crema
Dulces	Cremas elaboradas a base de leche entera o crema de leche y natillas
Bebidas	Alcohol, en caso de alto nivel de triglicéridos en suero. Es recomendable consultar con el médico.

Las tablas de las páginas 112 a 114 proporcionan información sobre el contenido en grasas y colesterol de los alimentos.

La mala alimentación cobra su tributo

Cada vez son más frecuentes las enfermedades condicionadas por la alimentación. Recientes investigaciones científicas arrojan alarmantes resultados: casi la mitad de los ciudadanos adultos europeos tienen un nivel alto de colesterol. Más de una cuarta parte sufre de hipertensión. La cifra de diabéticos aumenta sin cesar —están registrados unos 3 millones de diabéticos, sin embargo, la cifra real se estima en 5 millones—. La gota, antaño una dolencia de la gente rica, se vuelve cada vez más una enfermedad popular. La padecen más de 2 millones de alemanes. Estas enfermedades son todavía más frecuentes en caso de sobrepeso. Una de cada tres personas mayores de 35 años padece de sobrepeso. El que existan cada vez más personas sufriendo de una o incluso de varias de estas enfermedades, ¡tiene su razón de ser!

La abundancia y sus consecuencias

La oferta de productos alimenticios es casi inabarcable. Usted, como consumidor, tiene que sufrir el martirio de elegir. En la actualidad hay en el mercado más de 14 000 productos, y cada año vienen a sumarse a éstos nuevas mercancías. No es sorprendente que, en estas condiciones, resulte difícil escoger de manera acertada y no extralimitarse. Los especialistas están de acuerdo: comemos demasiado y, además, alimentos inadecuados.

Bienestar y consumo

Con el creciente bienestar se han visto modificadas, de manera esencial, nuestras costumbres relativas al consumo. Mientras que cada vez comemos menos alimentos vegetales, como cereales, patatas, legumbres y verduras, es mayor la preferencia que damos a los alimentos animales ricos en grasa, como la carne, el embutido, los huevos, el queso. También ha aumentado el consumo de azúcar en forma de dulces, postres y bebidas refrescantes azucaradas; lo propio ocurre con la cantidad de bebidas alcohólicas. Comemos demasiada grasa, demasiado dulce, y bebemos mucho alcohol. La consecuencia de esto es que ingerimos por término medio un 30% más de calorías de las que podemos gastar. El sobrepeso es el problema de nuestro tiempo.

Demasiados elementos insanos en los alimentos

Al consumir carne, embutido y huevos en grandes cantidades, se ingieren, preponderantemente, grasas animales (ricas en ácidos grasos saturados y colesterol), así como abundante purina (fase previa del ácido úrico). El riesgo de que surjan la gota y trastornos en el metabolismo de las grasas se multiplica. La sobrealimentación viene acompañada también por una alta ingestión de cloruro sódico. Los alimentos elaborados industrialmente, como carnes y embutidos adobados (más del 90% de los embutidos están adobados), productos enlatados, alimentos preparados y semipreparados, aportan la parte esencial a nuestro consumo excesivamente alto —unas tres veces por encima de la necesidad— de sal común. Así, se ve incrementado el riesgo de hipertensión.

Una predisposición congénita a los trastornos del metabolismo de las grasas, la hipertensión, la gota y la diabetes, aumenta el peligro de adquirir estas enfermedades, sobre todo si existe al mismo tiempo un alto sobrepeso. Si se dan uno o incluso varios de estos trastornos de la salud determinados por la alimentación, entonces se desorbita el riesgo de un desarrollo precoz de la arteriosclerosis y sus consecuencias, como el infarto de miocardio y el ataque de apoplejía.

La escasez en la abundancia

Un 80% de nuestra ingestión de calorías procede de alimentos refinados y elaborados industrialmente. Muchos de ellos carecen, total o parcialmente, de importantes sustancias nutritivas, como vitaminas, sustancias minerales, oligoelementos y fibras. Un ejemplo típico de está pérdida de sustancias nutritivas lo constituye la harina blanca. Pensemos que 100 g de trigo contienen unos 2000 mg de sustancias minerales y oligoelementos. Después de la molienda, la harina ha disminuido esta cantidad a 405 mg. La pérdida en vitaminas del grupo B se sitúa entre el 70 y el 80%; en el caso de la vitamina E se pierde incluso el 100%. El contenido en fibra se ve menguado en la harina blanca, de 11,6 g que tiene originariamente en 100 g, a 2,2 g. La harina blanca y los productos derivados de ella, así como el azúcar y el alcohol, son portadores de calorías vacías como se las llama: cuanto más se consumen, más difícil es cubrir la necesidad de sustancias nutritivas vitales. A esta penosa situación contribuye también nuestro modo de vida. El estrés, condicionado por la carga mental y anímica en que vivimos, así como el tabaco, el alcohol y los medicamentos, hacen aumentar aún más la necesidad de sustancias nutritivas. Un paquete de cigarrillos al día, por ejemplo, incrementa la necesidad de vitamina C en un 40%. El consumo regular de alcohol tiene como consecuencia una necesidad esencialmente mayor de vitamina B_1 y vitamina C. La ingestión de determinados medicamentos aumenta la necesidad de vitaminas B_6, B_{12} y C, así como de ácido fólico. De este modo llegamos al hecho paradójico de que, pese a la sobrealimentación, muchas personas están subabastecidas con respecto a algunas sustancias nutritivas vitales. Las consecuencias pueden ser una menor capacidad de resistencia y trastornos del metabolismo.

Larga vida, pero de menor calidad

Las enfermedades que dependen de la alimentación no se desarrollan de la noche a la mañana. A menudo han de pasar 10-15 años hasta que se dejan notar las primeras consecuencias «de aviso». Es cierto que gracias al progreso científico ha aumentado nuestra expectativa de vida, pero por desgracia a costa de nuestra calidad de vida. ¿De qué sirve vivir más tiempo, si nada más pasar la mitad de la vida hacen su aparición los primeros achaques, entorpeciendo cada vez más nuestro desarrollo activo?

Muchos de estos trastornos de salud que disminuyen la calidad de vida son de «preparación casera». Son consecuencia de defectos en la nutrición y en nuestra actitud general, que no pueden abordarse mediante medicamentos, sino comprendiendo y modificando las costumbres vitales que perjudican la salud. Es decisivo para un modo de vida sano, y aquí entra también una alimentación adecuada, el poder cumplir el período de vida que nos ha sido dado genéticamente con las menos complicaciones posibles, es decir, de manera sana. Esto sólo puede cumplirse si nuestro cuerpo no ha sido dañado antes por un modo de vida insano. Vivir de manera sana significa, por lo tanto, evitar las influencias dañinas a fin de poder alcanzar con el mínimo posible de dolencias la edad que nos ha sido dada.

La voluntad de salud: un motivo importante

Cambiar una nutrición que haya sido rica en grasas hasta la fecha, por una alimentación sana y equilibrada, ya no resulta difícil si se está en posesión del conocimiento necesario y las instrucciones prácticas al efecto. Y tampoco es demasiado tarde cuando ya existan trastornos de salud, como altos valores de colesterol y alteraciones arterioscleróticas de los vasos, por ejemplo. Sin embargo, no espere más tiempo, comience con la debida anticipación a tomar las medidas adecuadas. Sea lo que sea lo que haya que hacer en cada caso individual, no habría que olvidar que comer y beber, no obstante el cambio de las costumbres relativas a la alimentación, tienen que dispensar placer y alegría a las personas.

Así nos alimentamos correctamente

Si queremos cambiar las malas costumbres alimenticias, hay que saber más. Nuestro cuerpo es un complicado sistema. Para que pueda funcionar sin irregularidades, se necesitan unas 50 sustancias nutritivas distintas. Estas sustancias las ingerimos con los alimentos. Por naturaleza, no existe ni un solo alimento, con excepción de la leche materna, que suministre al hombre de manera óptima todas las sustancias nutritivas importantes. Únicamente una alimentación equilibrada puede cubrir nuestra necesidad de todas estas sustancias.

¿Qué sustancias nutritivas proporcionan energía?

Para los muchos servicios que tiene que prestar, nuestro cuerpo necesita constantemente energía. Esta energía la recibe de ciertas sustancias nutritivas: los hidratos de carbono, las grasas y las proteínas. Dichas sustancias llegan a través de la sangre a las células del cuerpo, donde son «quemadas». La energía así liberada es la fuerza motriz de nuestro cuerpo. Se mide en kilocalorías (kcal) o kilojulios (kJ). 1 gramo de hidratos de carbono o de proteínas suministra 4 kcal (17 kJ); 1 gramo de grasa, aproximadamente el doble, es decir: 9 kcal (39 kJ); y un gramo de alcohol, 7 kcal (30 kJ). Para la transformación de las sustancias nutritivas en energía corporal, nuestro organismo necesita oxígeno, así como vitaminas, sustancias minerales y oligoelementos. Éstos no suministran energía (calorías), sino que inciden y regulan los procesos del metabolismo o sirven al cuerpo como sustancias regenerativas. Nuestro cuerpo no puede producirlas por sí solo, de ahí que le sea absolutamente necesario ingerirlas con los alimentos. Puesto que vitaminas, sustancias minerales y oligoelementos tienen ese carácter de ser totalmente imprescindibles, son denominadas sustancias nutritivas vitales (esenciales). El agua es el disolvente y el medio de transporte de las sustancias nutritivas ingeridas y de sus productos de desintegración, que tienen que eliminarse.

Nuestro cuerpo tiene aproximadamente un 60 por ciento de agua. La más mínima pérdida de agua ya altera los procesos metabólicos. Diariamente eliminamos agua por medio de la orina, las heces y el sudor. Estas pérdidas tienen que volver a ser repuestas. Por último, también revisten importancia para nuestro cuerpo aquellos componentes de los alimentos que no se digieren: las fibras. Éstas vuelven a ser eliminadas en su mayor parte y, por este motivo, apenas suministran energía. Sin embargo, las fibras tienen una importante función reguladora de nuestra digestión.

Consumo de energía

¿Cuánta energía necesitamos? ¡Únicamente la cantidad que consumimos! Cualquier excedente se transforma en grasa y se almacena. La necesidad de energía es diferente para cada persona. Depende mucho de cuál sea la cantidad necesitada por un organismo en estado de reposo (metabolismo basal) y cuán activo sea (metabolismo activo). El metabolismo basal es la cantidad de energía que se necesita para mantener las funciones orgánicas tales como la actividad circulatoria, respiratoria y renal, del mismo modo que la temperatura normal del cuerpo, estando éste en estado de reposo absoluto. Según edad, talla y peso, el metabolismo basal está, en el caso de las mujeres, entre 1200 y 1600, y tratándose de los hombres, entre 1400 y 1800 calorías por cada 24 horas (día y noche). Para todo tipo de trabajo corporal (¡no mental!) se necesitan calorías adicionales. El metabolismo activo es tanto más alto cuanto más duro sea el trabajo. Cuando se trata de una actividad ligera —y ese es el caso de la mayoría de nosotros—, el metabolismo activo está, para las mujeres, entre 500 y 650 calorías, y para los hombres, entre 600 y 800 calorías por día. El trabajo físico duro y el deporte de competición pueden hacer aumentar todavía más la necesidad. El metabolismo basal y el activo determinan la necesidad total de energía. Los adultos de peso normal que tengan una actividad ligera pueden orientarse según los siguientes valores tipo.

Edad en años	Mujeres kcal/día	Hombres kcal/día
19-35	2200	2600
36-50	2000	2400
51-65	1800	2200
más de 65	1700	1900

¿Le ha llamado la atención que la necesidad de energía disminuya considerablemente conforme aumenta la edad? Esto suele no tenerse en cuenta. Así se explica también que a partir de los 35 años, el sobrepeso sea algo especialmente frecuente. Tan sólo unas cuantas calorías de más por día tienen como consecuencia, a la larga, un considerable aumento de peso. Veamos un ejemplo: si usted come únicamente 20 gramos de salchichón más al día, habrá ingerido «únicamente» 100 calorías más. Pero esto supone 36500 calorías en un año. Con este exceso engordará usted 5 kg. Usted puede calcular de manera muy sencilla su necesidad individual de energía. Por su peso puede reconocer si ingiere demasiadas o demasiado pocas calorías de acuerdo con su necesidad. Lo mejor es proceder de la siguiente forma:
- Calcule su peso teórico con esta sencilla regla práctica: estatura − 100 = peso teórico Ejemplo: 175 cm − 100 = 75 kg
- Póngase luego en la báscula y tome nota de su peso.
- Compare ahora su peso teórico con su peso corporal. ¿Concuerda aproximadamente su «peso teórico» y su «peso real» o se distancian mucho el uno del otro?
- Evalúe el resultado: el peso teórico y el real concuerdan o difieren entre sí como máximo en un 10%: usted tiene un peso normal, y la ingestión de calorías corresponde a su necesidad.
El peso real está más de un 10% por encima del peso teórico: usted tiene sobrepeso y consume más calorías de las que puede aprovechar. Si en su caso concurren, además, otros factores de riesgo, como valores altos de grasa en la sangre, hipertensión, alto nivel de azúcar en la sangre y de ácido úrico, entonces debería reducir su ingestión de calorías y normalizar su peso. Por lo general, después de una reducción de

peso exitosa, también los demás valores desfavorables retroceden a su esfera normal.
El peso real está más de un 20% por encima del peso teórico: usted tiene sobrepeso excesivo (obesidad) e ingiere una cantidad de calorías considerablemente más elevada de la que puede aprovechar. La obesidad constituye un factor de riesgo por sí solo, incluso cuando no exista ningún otro trastorno. ¡Usted debería adelgazar a toda costa!

Adelgazar, pero, ¿cómo?

Si usted quiere adelgazar de verdad, no le queda otro remedio que limitar drásticamente la ingestión de calorías y modificar de manera duradera sus costumbres culinarias, probablemente inadecuadas. Las dietas relámpago apenas tienen éxito. ¡Normalizar el peso es algo que requiere tiempo y paciencia! Para eliminar 1 kilo de grasa corporal, tiene usted que ahorrar 7000 calorías que el cuerpo deberá buscar entre sus reservas de grasa. Si consume a diario 1000 calorías menos, podrá alcanzar esa reducción de peso más o menos en una semana. El tiempo que tiene que estar reduciendo calorías dependerá de la cantidad de kilos «superfluos».

Así nos alimentamos correctamente

¿Qué y cuántas sustancias nutritivas necesitamos?

¡Para llevar una alimentación sana, no basta con contar las calorías! De hecho, usted puede cubrir su necesidad de calorías con 5 l de cola, pues así habrá consumido 2220 kcal. Pero de este modo se moriría de hambre, porque la cola sólo contiene azúcar, siendo, por tanto, un portador de calorías vacías. Nuestro cuerpo no se limita a funcionar como un motor de combustión, también tiene que ocuparse del desarrollo sin trastornos de todas sus funciones. Puede, incluso, sustituir partes gastadas y reparar defectos. Para ello necesita una cierta cantidad de sustancias nutritivas esenciales. De no recibirlas en medida suficiente, se forman lagunas alimenticias que más tarde pueden ocasionar manifestaciones carenciales y enfermedades. Este peligro puede prevenirse con una alimentación equilibrada que contenga todas las sustancias nutritivas esenciales.

Los hidratos de carbono están a la cabeza

Los hidratos de carbono deberían constituir la mayor parte de nuestra nutrición: 50-60% de la ingestión diaria de energía. Para ello hay una razón importante. A partir de los hidratos de carbono obtiene nuestro cuerpo glucosa: la fuerza motriz más importante para todas las células. La glucosa se oxida completamente en las células, convirtiéndose en anhídrido carbónico (que nosotros espiramos) y agua.

Aparte de en la leche, los hidratos de carbono se encuentran exclusivamente en los alimentos vegetales. Hay hidratos de carbono complejos (feculentos) y simples (sacaríferos). Los carbohidratos complejos ofrecen las mayores ventajas. Estos se transforman poco a poco en glucosa y se encargan del abastecimiento regular de energía. Este efecto favorable se ve reforzado cuando se consumen hidratos de carbono feculentos junto con hidratos de carbono no digeribles: fibras. Otra ventaja: la sensación de saciedad se mantiene por más tiempo.

Cuanto menos elaborados y más naturales sean los alimentos vegetales, tanto más alto es su contenido en fibras y sustancias nutritivas esenciales. De ahí que los cereales y los productos integrales, el arroz integral, las patatas, las legumbres, la fruta y la verdura frescas sean más ricos en fibras y sustancias nutritivas que los productos de harina blanca, el arroz blanco, las patatas ya elaboradas del modo que sea o los zumos que carecen de fibras. Todavía son menos las ventajas que ofrecen los hidratos de carbono simples, tales como el azúcar, la miel, los dulces y los refrescos. Son portadores de energía vacía, llegan rápidamente a la sangre y aumentan el azúcar contenido en ella. Los carbohidratos simples sacian por poco tiempo, pues el nivel de azúcar en la sangre baja tan rápidamente como antes había subido. Un nivel bajo de azúcar en la sangre hace que tengamos hambre. Los hidratos de carbono simples de más se transforman en grasa y son almacenados en los depósitos que tenemos al efecto.

Para la práctica

- Cambien los bollos, el pan blanco y el pan para tostar por pan integral o müslis de cereales; corte las rebanadas de pan más gruesas de lo habitual y cúbralas con menor cantidad de alimentos.
- Los productos a base de grano entero de cereal, las legumbres, las patatas, el arroz natural y las verduras deberían ser parte esencial de una comida.
- Coma a diario verduras crudas y frutas frescas.
- Renuncie al azúcar, los dulces, los pasteles, los bollos y los refrescos.

Grasas, más calidad en lugar de cantidad

La grasa contiene más del doble de calorías que los hidratos de carbono. Las grasas alimenticias tienen una influencia decisiva sobre la sangre. Las grasas animales contienen, sobre todo, ácidos grasos «saturados» y colesterol, que, ingeridos en abundancia, hacen aumentar los valores de grasa en la sangre. Los aceites y grasas vegetales, por el contrario, contienen predominantemente ácidos grasos y nada de colesterol. No hacen aumentar los valores de grasa en la sangre, permitiendo, incluso, reducir los valores altos. Un efecto semejante tienen los ácidos grasos poliinsaturados que se encuentran en los aceites de pescado.

La grasa alimenticia debería cubrir menos de una tercera parte de la ingestión diaria de calorías. Es decir: aproximadamente 65-80 gramos por día. No obstante, el consumo medio de grasas está hoy en los 140 gramos; de ellos, idos terceras partes son grasas animales! Por esta razón: es absolutamente necesario limitar la cantidad total de grasa, en particular las grasas animales. No es suficiente con renunciar a la mantequilla. Más importante es tener cuidado con las grasas «escondidas» en la carne, el embutido, el queso, los huevos, la mayonesa y los pasteles. De alimentos animales tendrían que proceder, como

Lentejas verdes

Trigo

Salvado de avena

Mijo

Jamón ahumado

Judías de soja negras

Espelta verde

Muslo de pollo

Garbanzos

Copos de avena

máximo, la mitad de la grasa diaria consumida (30-40 gramos). La otra mitad es aportada por los alimentos vegetales. Aquí entran, por ejemplo, los aceites vegetales. Las ensaladas, pero también otros platos, deberían prepararse con aceite de cártamo, de girasol, de soja o de germen de maíz, pues éstos contienen abundantes ácidos grasos poliinsaturados (ácido linólico). El ácido linólico es, como las vitaminas, vital (esencial) y tiene que ser ingerido con la comida. La necesidad diaria se encuentra por debajo de los 10 gramos. Esta cantidad se encuentra en 1-2 cucharadas de aceite o margarina vegetales de alto valor nutritivo.

Para la práctica

- Renuncie a los embutidos. En su lugar, unte el pan con cremas vegetales.
- Dé preferencia a productos lácteos elaborados a partir de leche semidesnatada (1,5% de mat. grasa).
- En lo posible, procure no comer carne más de 2 ó 3 veces a la semana y, entonces. sólo variedades pobres en grasa, como pollo, pavo, conejo o carne magra de buey.
- De tener un nivel alto de colesterol, debería renunciar a los huevos y los productos de casquería.
- Prepare pescado marino (a

ser posible, sin empanar) por lo menos una vez por semana, o mejor dos.
- Para cocinar y aliñar ensaladas, utilice sólo aceites vegetales de alto valor nutritivo, y procure untar el pan únicamente con margarinas vegetales, igualmente de alto valor nutritivo.
- Decídase por tipos de preparación que usen poca grasa, como son cocinar en papel de aluminio o en una bolsa transparente para asar. en recipiente de terracota, en el microondas y en ollas de acero, en sartenes antiadherentes, en el horno o al grill.
- Dos veces por semana, la comida principal debería consistir en platos a base de cereales, legumbres, arroz integral. patatas o verduras.

Sin proteínas no hay vida

Las proteínas constituyen la estructura básica de todas las células del cuerpo. Músculos, órganos, piel, cartílagos y tendones, glóbulos de la sangre, así como numerosas hormonas y enzimas, están compuestas de proteínas. La proteína corporal se encuentra en un continuo proceso de desintegración y síntesis. Para ello se necesitan ciertos elementos proteínicos: los aminoácidos. Hasta la fecha se conocen 22

aminoácidos que pueden ligarse entre sí para formar numerosas proteínas distintas. En rigor, nuestro cuerpo sólo necesita 8 aminoácidos que él, en contra de lo que ocurre con los restantes, no puede producir por sí mismo. Dichos aminoácidos son, para el cuerpo, esenciales, esto es: vitales; y han de ser ingeridos con los alimentos. Las proteínas de los alimentos son tanto más valiosas cuanto mayor sea la cantidad de proteínas que el cuerpo pueda formar a partir de aquéllas. Su valor biológico es el máximo cuando contienen, en cantidad suficiente, los ocho aminoácidos esenciales. Las proteínas animales procedentes de los huevos, la carne, el pescado y los productos lácteos son más valiosas que las proteínas vegetales procedentes de los cereales, las legumbres, las patatas, el arroz, los frutos secos y semillas. Si las proteínas vegetales se combinan con las animales, ambas se complementan entre sí y alcanzan un valor biológico aún mayor que las proteínas animales o vegetales por separado. También pueden combinarse proteínas de alimentos vegetales, de tal modo que la mezcla resultante sea tan valiosa, o incluso más, que las proteínas animales. Buenas combinaciones son:

- patatas con huevo, productos lácteos, carne o pescado;
- legumbres con productos lácteos, cereales, huevo, etc.;
- cereales con productos lácteos, legumbres o huevo.

No obstante, hay que tener en cuenta que, tratándose de una alimentación pobre en colesterol, tienen que evitarse los huevos. En el caso de una dieta mixta, una mujer necesita unos 45 g de proteínas al día, mientras que un hombre tiene que tomar unos 55 g. Sin embargo, por término medio consumimos más del doble de dicha cantidad, en su mayor parte ¡proteínas animales! De manera semejante a como ocurre con las grasas y los hidratos de carbono, las proteínas de más son quemadas y suministran calorías. Pero con la salvedad de que la combustión de proteínas origina urea como residuo. La urea es una sustancia tóxica que tiene que eliminarse a través de los riñones y la orina. Si existe una limitación de la función renal, una constante sobrealimentación con proteínas puede conducir a graves enfermedades renales. A esto hay que añadir que los portadores de proteínas animales, como las carnes y los embutidos, son a la vez ricos en grasas, con lo que

Queso Edam

Requesón

Leche

Margarina semigrasa

Yogur

Margarina dietética

Copos de germen de trigo

Requesón 20% de mat. grasa

Semillas de girasol

Aceite dietético

Aceite de cártamo

os de avena integral

Así nos alimentamos

la cantidad de calorías es demasiado alta. En la actualidad, los científicos defienden la opinión de que el exceso de proteínas animales constituye igualmente un factor determinante del surgimiento de la arteriosclerosis.

Para la práctica

• Su abastecimiento de proteínas está garantizado más que suficientemente si usted complementa diariamente el consumo de cereales, patatas o legumbres con productos lácteos elaborados con leche semidesnatada.

• También suministran proteínas de alto valor nutritivo los frutos secos, pipas y semillas, pero contienen, igualmente, grasa y calorías. Consumidos en pequeñas cantidades constituyen un alimento sano y apetitoso.

• La carne, los embutidos y los quesos tienen proteínas de alto valor nutritivo, pero también mucha grasa, colesterol y calorías.

• Los huevos, combinados con alimentos vegetales, son una fuente de proteínas de alto valor nutritivo. Sin embargo: ¡su contenido en colesterol es demasiado alto! No obstante, el colesterol sólo se encuentra en la yema.

Vitaminas

Son sustancias nutritivas vitales (esenciales) que tienen que ser ingeridas en la dieta.

Las vitaminas sólo se necesitan en pequeñas cantidades, y, sin embargo, la más mínima carencia puede ser ya un factor que perjudique la salud. Las vitaminas participan en la transformación de la energía de los alimentos en energía corporal, en la síntesis de enzimas que produce el cuerpo, hormonas, células de la sangre y tejidos, y en la defensa contra infecciones. Se gastan mediante reacciones bioquímicas y tienen que volver a reponerse.

Las vitaminas liposolubles (A, D, E, K) se almacenan en el tejido adiposo y en el hígado. Si no se consumen diariamente en cantidad suficiente, su abastecimiento está, pese a todo, garantizado por un corto espacio de tiempo; después los depósitos quedan vacíos.

Las vitaminas hidrosolubles (B_1, B_2, B_6, niacina, ácido fólico, biotina, ácido pantoténico, B_{12} y C) no se almacenan en grandes cantidades, con excepción de la vitamina B_{12}. Cuando no están participando en reacciones en las células del cuerpo, circulan por la sangre y son eliminadas de nuevo. El abastecimiento diario de estas vitaminas es absolutamente necesario.

Pese a la sobrealimentación, no estamos suficientemente abastecidos de algunas vitaminas. Carecemos más frecuentemente de ácido fólico (soja, verduras frescas, ensaladas), vitamina B1 (cereales, productos integrales, legumbres), vitamina B_2 (productos lácteos) y vitamina B_6 (patatas, pescado y aves, coles).

Sustancias minerales y oligoelementos

Se trata de sustancias inorgánicas que se necesitan en pequeñas cantidades. Son indispensables para un gran número de reacciones bioquímicas: excitabilidad de nervios y músculos (calcio, magnesio), formación de la sangre y transporte de oxígeno (hierro), constitución de huesos y dientes (calcio, fósforo, flúor), formación de hormonas tiroideas (yodo) y control del metabolismo hídrico (sodio, potasio, cloro). Las sustancias minerales se pierden junto con los líquidos corporales y tienen que ser repuestas a diario. Las manifestaciones carenciales están especialmente extendidas en el caso del yodo y el flúor (pescado, sal de yodo, agua mineral). Las mujeres sufren con frecuencia de una carencia de hierro (carne, aves, verduras, legumbres); las personas de mayor edad suelen carecer de la sustancia regenerativa del calcio (productos lácteos). Por contra, el sodio se ingiere en cantidad excesiva. La mayor parte del sodio procede de la sal común (cloruro sódico). Consumimos 10-15 gramos de sal por día, pese a que 5-7,5 bastaría ya para cubrir nuestra necesidad de sodio. La mayor parte la tomamos de forma «camuflada» con alimentos elaborados industrialmente. Por motivos de sabor, y a fin de conservarlos, se les añade abundante sal; esto ocurre con las verduras enlatadas y la carne, el embutido y el pescado. ¡Todos los alimentos no elaborados carecen de sal común! El sodio que contienen en estado natural es muy bajo.

Para la práctica

• Coma a diario verduras frescas, ensaladas y frutas. Sin procesar contienen la máxima cantidad de vitaminas y sustancias minerales.

• Dé preferencia a alimentos lo menos elaborados posible, tales como cereales, productos integrales y legumbres, son ricos en vitaminas del grupo B y sustancias minerales.

Kéfir

Queso crema fresco «light»

Queso azul Bergader, 26% de mat. grasa

Queso Limburger 20% de mat. grasa

Requesón, 1,5% de mat. grasa

Queso Tilsiter, 30% de mat. grasa

Queso de Maguncia

Leche cuajada

Requesón granulado

Filete de bacalao

- Procure evitar pérdidas de vitaminas y sustancias minerales al cocinar —decídase por métodos de cocción que respeten las propiedades de los productos.
- Sazone los platos momentos antes de ir a servirlos.
- Conviene que utilice siempre sal yodada. Si además de esto come pescado dos veces por semana, tiene garantizada su ración de yodo.
- Complete diariamente su dieta con productos lácteos semidesnatados —constituyen la fuente de calcio más importante.

Agua

El agua es el componente principal de nuestro cuerpo (60%). Las existencias de agua tienen que permanecer constantes. El cuerpo pierde todos los días 2-3 litros de agua que tiene que volver a reponerse. Que haya que reponer todos los días 2-3 litros de agua, no quiere decir que se tenga que beber esta cantidad. Aproximadamente 1 litro de agua se toma al comer alimentos sólidos, tales como frutas, verduras, productos lácteos, pan, alimentos cocidos. A esto se añade el agua que resulta de la combustión de hidratos de carbono, grasas y proteínas. Se debería tomar aproximadamente 1,5 litros de agua en forma de bebidas. ¡Y las bebidas sólo deberían tener la función de suministrar agua! Las bebidas preferidas son, al lado del café, el té, la cola

y los refrescos dulces, la cerveza, el vino y los licores. Todas ellas tienen una gran cantidad de calorías vacías en forma de azúcar o alcohol. De este modo, 3 latas de cola, por ejemplo, contienen 110 gramos de azúcar y 440 calorías; 1 litro de cerveza, 40 gramos de alcohol y 450 calorías; 1 litro de vino, 80 gramos de alcohol y 800 calorías. Demasiado, cuando tenemos en cuenta que la necesidad media de energía es de unas 2.000-2.400 calorías por día. Un dato importante: ¡el cuerpo no necesita ni un solo gramo de azúcar o de alcohol para vivir! Muchas personas deben sus kilos «de más» a estas bombas de calorías líquidas. Por eso habría que beberlas únicamente de vez en cuando y no todos los días.

Para la práctica

- Calme su sed con agua potable, agua mineral y agua de manantial, o con té de hierbas o de frutas sin azúcar, estas bebidas no contienen calorías.
- Mezcle los zumos de frutas y de verduras (también los recién exprimidos) con abundante agua mineral. Otra alternativa la constituyen las bebidas con sustancias edulcorantes, bajas en calorías.
- ¡Beba siempre en cantidad suficiente! Las personas de más edad deberían tomar este consejo particularmente en serio, pues suelen beber demasiado poco.

Comer cada tres horas

Cinco comidas pequeñas son más sanas que tres grandes. Las comidas opíparas producen cansancio, someten a los órganos digestivos y a la circulación de la sangre a un esfuerzo demasiado grande. La consecuencia: el contenido en grasa de la sangre aumenta fuertemente, con lo que se dificulta el transporte de oxígeno al cerebro y otros órganos del cuerpo.

Por otro lado: nuestra capacidad de trabajo fluctúa a lo largo del día. A más tardar, antes de mediodía tenemos el primer bajón y por la tarde el segundo. Esta capacidad de resistencia se ve influida fuertemente por la alimentación. Dos ligeros tentempiés, uno entre el desayuno y la comida, el otro entre la comida y la cena, podrían impedir este bajón de la capacidad de trabajo, así como el sobrepeso. Pues estas breves pausas entre comidas evitan el hambre rabiosa y la avidez incontrolada al comer.

Los tentempiés entre comidas deberían contener hidratos de carbono complejos ricos en fibra. De este modo se evita una caída del nivel de azúcar en la sangre. ¡Pues un escaso nivel de azúcar en la sangre es causa de un bajón de la capacidad de trabajo! Para volver a coger energía basta con comer frutas frescas y productos

lácteos, müsli, galletas integrales, pan integral cubierto con alimentos pobres en grasas, o una pequeña ensalada.

Más vale prevenir que curar

Una alimentación adecuada desde la infancia constituye la premisa más importante para llevar una vida sana. Las enfermedades que dependen de la alimentación, así como sus graves consecuencias, pueden prevenirse. Lo más importante está resumido en las 10 reglas para una alimentación completamente adecuada:

1. Coma con mucha variedad, pero no demasiado
2. Más productos integrales
3. Abundantes verduras, patatas y frutas
4. Poca grasa y pocos alimentos ricos en grasas
5. Pocas proteínas animales
6. Poco dulce
7. Condimente, pero sin sal
8. Beba con sensatez
9. Haga con más frecuencia comidas ligeras
10. Prepare los alimentos respetando sus propiedades

¿Qué es lo que cambia en la alimentación al trastornar el metabolismo de las grasas?

Hasta que no se presentan trastornos de salud no estamos dispuestos a modificar nuestros hábitos alimenticios.

Un nivel de colesterol alto no duele. Tampoco sus posibles consecuencias se manifiestan inmediatamente, sino en el momento menos pensado. Éstas son algunas razones que explican por qué no se suele tomar en serio el consejo médico de reorientar nuestras costumbres alimenticias. Cuando hay que someter a tratamiento un nivel alto de colesterol, sin embargo, una alimentación adecuada adquiere una importancia especial. Llegado el caso, ésta puede ser completada con medicamentos, pero nunca podrá sustituirse por un tratamiento exclusivamente a base de medicinas. En este punto, su colaboración activa tiene un carácter decisivo. El éxito de la curación no está determinado por su médico, ¡es usted quien lo hace!

El objetivo: bajar las LDL, subir las HDL

Altos valores de colesterol, especialmente de colesterol LDL, constituyen un riesgo de cara al desarrollo prematuro de la arteriosclerosis.

El colesterol HDL, por el contrario, disminuye ese riesgo. El objetivo más importante, por lo tanto, consiste en rebajar el colesterol LDL, malo, y aumentar el colesterol HDL, «bueno». Seguro que lo conseguirá si se alimenta de manera sana.

¿Qué posibilidades ofrece la alimentación?

Lo más importante es limitar la ingestión total de grasa a un máximo de 30% de la cantidad diaria de energía. Según esto, si consideramos la necesidad media de energía de un adulto de peso normal (2000 a 2400 calorías), la grasa total a ingerir sería aproximadamente el 65-80% por día. Las grasas alimenticias influyen en los lípidos de la sangre de muy diversas maneras. Las grasas animales son ricas en ácidos grasos saturados y colesterol. Contribuyen a aumentar el colesterol LDL. Las grasas vegetales son ricas en ácidos grasos insaturados y carecen de colesterol. Contribuyen a reducir los valores de las LDL. Por todo esto, es razonable modificar la combinación de las grasas que ingerimos.

La modificación de las grasas significa prácticamente la limitación de las grasas animales a aproximadamente la mitad de la ingestión total de grasa (20-40 g). La otra mitad deberá proceder de alimentos vegetales. Si se limitan las grasas animales, disminuye también la ingestión del colesterol de la dieta. La ingestión de colesterol tendría que estar por debajo de los 300 mg por día (véase las tablas de alimentos de las páginas 112 a 114).

Con estas tres medidas alimenticias no están agotadas todas las posibilidades. Las fibras solubles con capacidad de absorción tienen igualmente un influjo provechoso. Contribuyen a reducir el colesterol LDL. Pueden ligar el colesterol y sus productos (ácidos biliares) en el intestino y expulsarlos del cuerpo con las heces. Fibras con capacidad de absorción se encuentran, en cantidad particularmente abundante, en los copos de avena integral (sobre todo en el salvado de avena), en las legumbres, la fruta (manzana, plátano, cítricos y frutas de baya) y las hortalizas (zanahoria, apio, coles). Por el contrario, los cereales, los productos integrales y el salvado de trigo contienen, en su mayor parte, fibras insolubles (celulosa) que no presentan ningún claro efecto reductor del colesterol. Como ingrediente de relleno, no obstante, tienen algunas propiedades provechosas: se encargan de saciar el apetito por mucho tiempo, regulan la defecación y previenen enfermedades del intestino grueso. La ingestión total de fibras al día debería de ser de 30-35 g como mínimo.

Alzar un poco el colesterol HDL

Las HDL protegen, según se ha demostrado, contra alteraciones arterioscleróticas de los vasos. Por un lado, impiden el amontonamiento de LDL en las paredes de los vasos; por otro, movilizan e hidrolizan colesterol ya depositado en las paredes de los vasos. Para alzar los valores bajos de HDL, no basta sólo con tomar medidas alimenticias. Practicar más deporte, no fumar y reducir el posible exceso de peso, son factores que ayudan a este respecto.

Reducir los triglicéridos altos

Un nivel muy alto de triglicéridos menoscaba la fluidez de la sangre (la sangre se vuelve más espesa). El riesgo de trombosis (formación de coágulos por aglutinación de trombocitos) se ve incrementado. Recientemente se ha visto que el alto nivel de triglicéridos en la sangre es también un causante de alteraciones arterioscleróticas en los vasos. Tras una comida abundante, los valores de los triglicéridos experimentan un fuerte aumento. Esto puede evitarse haciendo al día varias comidas ligeras. Si quiere reducir de manera duradera los triglicéridos altos, debería eliminar el sobrepeso, evitar el alcohol y el azúcar y moverse más.

Investigaciones recientes han demostrado que los ácidos grasos poliinsaturados que se encuentran en los aceites de pescado, los ácidos grasos 3-omega, reducen los triglicéridos altos en la sangre y mejoran también la fluidez de la sangre. Faltan todavía investigaciones a largo plazo que confirmen terminantemente este efecto y que al mismo tiempo excluyan posibles efectos secundarios. Por esta razón, no habría que tomar regularmente cápsulas de aceite de pescado. Por contra, no existe ningún riesgo en tomar dos veces por semana pescado marino. Pues éste tiene todavía más que ofrecer, a saber: mucho yodo y flúor. Por lo general, no suele cubrirse la necesidad diaria de ambas sustancias.

Reducir el sobrepeso

La frecuencia con que se dan altos valores de colesterol es dos veces mayor en las personas que padecen de sobrepeso que en las que tienen un peso normal, mientras que la frecuencia de aparición de triglicéridos altos es incluso tres o cuatro veces más alta. La experiencia nos enseña que los valores de estas dos grasas de la sangre disminuyen cuando se normaliza el peso corporal. El tratamiento de un trastorno en el metabolismo de las grasas suele empezar, por ello, con el adelgazamiento. Un régimen de adelgazamiento de 1.000 calorías por día conduce, por regla general, a una pérdida de 1 kg por semana. Han de evitarse a toda costa las dietas unilaterales. En parte son peligrosas, y no conducen a ningún éxito duradero. Adelgazar y conservar a la larga el peso adecuado, sólo puede hacerse cuando se modifica la actitud con respecto a la comida. Los planes para menús diarios de las páginas 110 y 111 muestran como componer adecuadamente un régimen de adelgazamiento. Siguiendo los modelos, usted podrá organizar numerosos menús a su gusto.

A fin de evitar volver a engordar después de un adelgazamiento exitoso, habrá que aumentar las calorías poco a poco. Pues a las 2-3 semanas, el cuerpo se acostumbra a trabajar con poca energía. Si se le ofrece de repente una cantidad mucho mayor de calorías, reaccionará depositando ese exceso en forma de grasa. La mejor manera de proceder es ir aumentado unas 250 kcal por día durante la primera semana. Frutas, verduras y grandes guarniciones a base de cereales o patatas, son especialmente apropiadas al efecto. Durante la semana siguiente se añaden otras 250 kcal por día. Ha de continuarse con estos suplementos hasta llegar a una semana en que no se observe ninguna reducción o aumento de peso. El consumo de energía alcanzado entonces corresponde exactamente a la necesidad de calorías. Pasados los 35 años, las mujeres tienen una necesidad de alrededor de 2000 kcal/día, mientras que en el caso de los hombres la necesidad es de unas

2400 kcal/día. Los planes para menús diarios de la página 111 muestran cómo componer adecuadamente un régimen normal de 2000 calorías por día. Los hombres podrán adaptar también estos planes a su necesidad de energía, un poco más alta, añadiendo algunas calorías. El movimiento corporal, como puede ser la práctica regular de de-

porte durante el tiempo libre, favorece el adelgazamiento y sirve para mantener el peso normal de manera duradera.

Lo que también puede servir de ayuda

Salvado de avena: algunos estudios científicos en torno al efecto de las fibras ha puesto de manifiesto que un consumo diario de 100 g de fibra tiene como consecuencia una clara disminución del nivel de colesterol. En comparación, el salvado de trigo (celulosa) no parecía tener este efecto. El salvado de avena puede utilizarse para müslis, rellenos de verduras, albóndigas, o para repostería. Con 3 trozos de pasteles elaborados a base de salvado de avena (recetas de las páginas 108 y 109) se habrán consumido ya 50 g de salvado de avena. Es recomendable distribuir esta cantidad entre el desayuno y dos ligeros tentempiés entre comidas, uno antes del mediodía y otro por la tarde.

Las judías de soja: no sólo contienen aceite de soja de alto valor nutritivo (rico en ácido linólico), sino también proteínas igualmente valiosas, a las que se atribuyen propiedades positivas que reducen el colesterol y frenan la arteriosclerosis. Este efecto favorable está científicamente probado, si

bien no están del todo claros los mecanismos exactos que conducen a él. Fuentes particularmente buenas de proteínas de soja son productos tales como la harina de soja, el pan de soja, el queso de soja (tofu), la crema de soja o los derivados secos de soja en forma de trozos pequeños, tiras o taquitos, que, al igual que la carne, pueden prepararse de maneras muy diversas. En las recetas encontrará muchos platos con productos de soja fresca o seca.

Ajos: hace ya mucho tiempo que el ajo es conocido como condimento y planta medicinal. Sobre los efectos del ajo sólo ha habido hasta ahora conocimiento por experiencia, pero casi ninguna prueba científica. Únicamente en los últimos tiempos se han venido acumulando los resultados de investigaciones científicas que llaman la atención sobre la posibilidad de que el ajo tenga un efecto preventivo contra la esclerosis de las arterias. Se comprobó que al consumir ajos frescos a diario durante mucho tiempo, mejora un poco la fluidez de la sangre, se frena la aglutinación de trombocitos formando coágulos y se reduce el alto nivel de grasas en la sangre. La comunidad científica ha reconocido los preparados a base de ajo como medicamentos vegetales. Como dosis terapéutica directriz se considera el contenido de sustancia activa equivalente a 4 gramos de ajo fresco. La mayoría de los preparados de ajo que están a la venta contienen, por gragea o cápsula, tan sólo una fracción de esta cantidad de sustancia activa. Posiblemente sea éste un factor que contribuya a explicar por qué los estudios clínicos con preparados de ajo han probado los efectos positivos del ajo de manera únicamente parcial.

En los países mediterráneos son relativamente pocas las personas que sufren de enfermedades cardiacas coronarias. Por otro lado, es un hecho indiscutible que en ellos, las personas comen mucho más pescado, frutas y verduras y utilizan sobre todo grasas vegetales (aceite de oliva). En cuanto a que el ajo sea extraordinario como condimento, no se necesita, en realidad, ninguna prueba científica.

Esperar los resultados con paciencia

Si el nivel de colesterol ya es alto, no podemos esperar que baje de la noche a la mañana. Se necesitan un par de semanas o incluso meses hasta conseguir que se normalice y deje de constituir un peligro.

La importancia que reviste la nutrición en los trastornos del metabolismo de las grasas, queda patente en el hecho de que un 95% de las personas afectadas por un nivel de colesterol de hasta 280 mg/dl sólo han podido normalizarlo mediante un cambio consecuente de su alimentación.

Para que se mantenga el éxito después de este cambio, hay que modificar para siempre la actitud con respecto a la comida. Las viejas costumbres culinarias conducen a las mismas equivocaciones respecto a la nutrición y a una nueva subida de los valores de colesterol.

Las medidas alimenticias deben gozar siempre de preferencia, incluso cuando se tenga que tomar medicamentos de manera adicional. Sólo así podrá conseguir mantener lo más baja posible la cantidad de medicamentos y sus efectos secundarios.

Otras enfermedades concomitantes

El riesgo de trastornos arterioscleróticos de los vasos es todavía mayor si, al mismo tiempo que los altos valores de colesterol, se dan otras irregularidades, como hipertensión y/o diabetes. Sobre todo las personas con sobrepeso y trastornos del metabolismo de las grasas padecen frecuentemente una o ambas enfermedades concomitantes. Por regla general, la normalización del peso corporal contribuye también a reducir los valores de la presión sanguínea y del azúcar en la sangre. De este modo mejora la situación general del metabolismo, lo que constituye la mejor protección contra la arteriosclerosis.

Estas enfermedades concomitantes deberían tratarse igualmente con una nutrición pobre en grasas y rica en hidratos de carbono y fibras. En caso de hipertensión deberá limitarse adicionalmente la ingestión de cloruro sódico a

3-5 gramos. Esto se consigue al consumir menos alimentos ricos en sal común (elaborados industrialmente). Cuando vaya a preparar alimentos frescos, puede emplear, en vez de sal común, condimentos o sal dietéticos. Beba zumos de verduras sin añadir sal, así como agua mineral que contenga poco sodio (menos de 100 mg/litro). Un día por semana a base de fruta (aproximadamente 1 kg de fruta repartido a lo largo del día) tiene el efecto de eliminar de los tejidos del cuerpo y de los vasos el sodio depositado y el agua ligada. Esto supone un alivio para el corazón y la circulación, al tiempo que relaja los vasos y disminuye la hipertensión. Si se padece de diabetes, habría que evitar por principio todos los tipos de azúcar de rápida digestión, como el azúcar de uva (glucosa), el azúcar blanco (sacarosa), el de caña y el moreno, el jarabe, la melaza, la miel o el jarabe concentrado de frutas. Esto es extensible, por supuesto, a todos los alimentos y bebidas que contengan estos tipos de azúcar. Para endulzar, pueden emplearse sustancias edulcorantes que carezcan de hidratos de carbono y calorías, tales como sacarina, ciclamato o mezclas a partir de éstas. Están permitidos también sustitutivos del azúcar, como pueden ser la fructosa y el azúcar para diabéticos ya que, tomados en pequeñas cantidades, no aumentan el azúcar en la sangre. No obstante, estos productos contienen la misma cantidad de calorías que el azúcar normal. Si se padece de sobrepeso, es conveniente evitarlos.

Consejos para una cocina sana

Hacer una buena compra, pero, ¿cómo?

El que su comida sea sana, depende de la elección de los alimentos. No es fácil elegir lo adecuado si consideramos el surtido de más de 14000 productos alimenticios que nos ofrece el mercado. Un primer consejo importante: decídase siempre por los alimentos frescos y elaborados lo menos posible. Seguro que los consejos que vienen a continuación le servirán de ayuda a la hora de hacer la compra:

• ¡Preste atención a la frescura de los alimentos! Las frutas y verduras frescas pueden reconocerse por la consistencia firme de la piel, la frescura del lugar por el que han sido cortadas y la viveza de su color. Compre sólo productos de la estación, pues es entonces cuando las frutas y verduras tienen el máximo de sustancias nutritivas y el menor contenido en sustancias dañinas y nitrato. Dé preferencia a los productos del país, gracias a los transportes cada día más rápidos, la mercancía llega antes al vendedor y, por consiguiente, también a su mesa. No compre frutas y verduras en puestos situados en la calle. Ahí se acumulan plomo y gases de los tubos de escape de los coches.

• En el caso de alimentos envasados o empaquetados, ¡observe la fecha de consumo preferente!

Por ella podrá saber hasta cuándo puede conservarse el producto sin mermas de calidad. Esta fecha no es una fecha de su caducidad; al transcurrir el período indicado, los alimentos siguen siendo totalmente comestibles. Con todo, en el caso de productos ricos en vitaminas, éstas pueden verse disminuidas a causa de un largo almacenamiento.

• ¡Preste atención a la etiqueta! Los productos empaquetados tienen que estar exactamente caracterizados según la legislación vigente para los alimentos. Podrá enterarse de muchas cosas relativas a los alimentos si conoce los conceptos declarados en las etiquetas: así, Grasa/Ext. seco es la abreviatura para indicar el contenido de grasa que hay en el extracto seco lácteo. Esto lo encontrará, por ejemplo, en los quesos. El queso contiene agua y extracto seco en proporciones diversas según la variedad. El contenido en grasa es, en gramos, aproximadamente la mitad del porcentaje de grasa contenido en el extracto seco. He aquí un ejemplo: 100 g de queso Edam, con 30% Grasa/Ext. seco lácteo, contienen unos 16 g de grasa.

El contenido en grasa por extracto seco lácteo puede indicarse también en niveles de contenido en grasa. La siguiente tabla le muestra los niveles de contenido en grasa que hay.

La denominación «light» aplicada al queso significa que éste sólo contiene la mitad de grasa que un queso normal comparable.

Un ejemplo: 100 g de queso fresco con doble contenido de crema (60 % Grasa/Ext. seco lácteo) contienen 31 g de mat. grasa; el queso fresco «light», por el contrario, sólo 16 g. Es recomendable comprar leche y productos lácteos poco grasos con un 1,5% de grasa y quesos con un máximo de 30% Grasa/Ext. seco lácteo.

El contenido en ácidos grasos poliinsaturados puede conocerse mediante las siguientes indicaciones:

• 30% de ácido linólico, como mínimo: «rico en ácido linólico», «rico en ácidos grasos poliinsaturados» o «rico en ácidos grasos esenciales».

• 50% de ácido linólico, como mínimo: «especialmente rico en ácido linólico», «especialmente rico en ácidos grasos poliinsaturados o esenciales».

• 60% de ácido linólico, como mínimo: aceites, cremas, grasas, margarinas y margarinas semigrasas, todos ellos productos vegetales y dietéticos.

No compre ningún aceite o margarina vegetales en los que no esté indicado el contenido en ácido linólico o en ácidos grasos poliinsaturados. Estos productos contienen, preponderantemente, ácidos grasos saturados. También la grasa de coco y de palma contienen, en primer lugar, ácidos grasos saturados (hidrogenados). Constituyen una excepción el aceite de nuez (72% de ácidos grasos esenciales) y el aceite de pepitas de calabaza (53% de ácidos grasos esenciales).

Entre tanto, se ha sabido que también los ácidos grasos monoinsaturados (ácidos oleicos) tienen un efecto reductor del colesterol. El más alto contenido en ácidos oleicos (74%) lo tiene el aceite de oliva. Los aceites de cacahuete y de sésamo tienen un contenido aproximadamente igual en ácidos linólicos y oleicos. Tratándose de este tipo de aceites, hay que tener cuidado de que no hayan sido desnaturalizados. ¿Qué dicen las etiquetas de las bebidas no alcohólicas sobre su contenido? Eche un vistazo a la tabla siguiente.

Caracterización	Contenido
Zumo de frutas	100% de zumo
Néctar de frutas	25-50% de contenido de fruta
Refresco de frutas sin burbujas	6-30% de zumo
Refresco de frutas con burbujas	3-15% de zumo
Limonada	0

Los zumos de frutas no deben tener agua, pero puede añadírseles, en cambio, hasta 100 g de azúcar por litro. Los zumos de frutas no endulzados llevan la indicación no contiene azúcar.

Los néctares de frutas contienen entre un 50 y un 70% de agua y hasta 200 g de azúcar por litro. El melodioso nombre de néctar significa, pues, un zumo no especialmente valioso.

Los refrescos de frutas y limonadas se toman equivocadamente para apagar la sed. Equivocadamente, pues su contenido en azúcar es de hasta 110 g (44 terrones de azúcar) en 1 litro.

Dé preferencia, por tanto, a los zumos de frutas recién exprimidas o a los zumos sin azúcar, que pueden rebajarse un poco con agua normal o mineral. Otra al-

ternativa la constituyen los refrescos que, en lugar de azúcar, contienen sustancias edulcorantes sin calorías. Se venden como bebidas «bajas en calorías» o «de calorías reducidas».

• Bajas en calorías, cuando en 1 litro hay contenidas como máximo 200 kcal.

• De calorías reducidas, cuando la cantidad de calorías que contienen está por debajo de un 40% en relación a una bebida normal comparable.

Si un néctar de naranja contiene 400 kcal/litro, entonces un néctar de calorías reducidas debe tener, como máximo, 240 kcal/litro.

Al comprar carne y embutidos, elija siempre las variedades más pobres en grasa: carne de pollo, de pavo, de conejo, así como carnes

Nivel de contenido en grasa	Grasa/Ext. seco lácteo
Doble contenido de crema	por lo menos 60-85%
Contenido normal de crema	por lo menos 50%
Graso	por lo menos 40%
Tres cuartas partes de grasa	por lo menos 30%
La mitad de grasa	por lo menos 20%
Una cuarta parte de grasa	por lo menos 10%
Magro	menos de 10%

En el caso de la leche y los productos lácteos, el contenido en grasa se expresa en tanto por ciento y mediante una denominación correspondiente.

Variedad	Contenido en grasa en%	en g/100 g
Leche entera y productos derivados	3,5	3,5
Leche semidesnatada y derivados	1,5	1,5
Leche desnatada y derivados	0,3	0,3

magras de buey, por ejemplo carne picada y condimentada y carne de tapa. Son productos cárnicos pobres en grasa la pechuga de pollo o pavo, el jamón ahumado, el jamón crudo o cocido, sin borde de grasa, y la cecina. Los embutidos han de consumirse con cuidado. Incluso el embutido más magro contiene siempre demasiada grasa, y ésta en forma de ácidos grasos saturados y colesterol. Sólo hay unas cuantas clases de embutido que contengan menos de 20 gramos de grasa en 100 gramos de producto. Por contra, la oferta de variedades que contienen hasta 50 gramos de grasa es muy grande. Si no quiere renunciar del todo a los embutidos, decídase por los embutidos y gelatinas de carne de ave (5% de grasa, máximo) o por productos de charcutería declarados «de grasa reducida» y que, por ello, contengan un 40% menos de grasa que un tipo de embutido normal comparable. Otra alternativa la constituyen los preparados de carne y los embutidos dietéticos, así como las empanadas vegetales elaboradas con una base de levadura y soja y enriquecidas con aceites vegetales de alto valor nutritivo.

En el caso de la llamada bioalimentación, los prefijos «bio, eco» o los adjetivos integral, natural no nos permiten deducir nada sobre la calidad del producto. Estos términos no constituyen marcas registradas y a menudo se abusa de ellos para hacer pasar los productos por lo que no son. Si usted quiere estar totalmente seguro de que la mercancía procede realmente de cultivos controlados según métodos biológicos, cómprelos en establecimientos dietéticos que vendan productos cultivados según determinadas normas básicas.

• Los alimentos congelados tienen una calidad muy alta. La congelación es el mejor método para conservar. Dado que las mercancías se congelan recién cosechadas, tienen un contenido en vitaminas y sustancias minerales más alto que las frutas y verduras largo tiempo almacenadas y secas. Los productos congelados pueden cocinarse rápidamente. Por un lado, no hay que perder tiempo preparándolos, por otro, los

tiempos de cocción son sensiblemente más cortos. Lo que tiene que tener en cuenta al comprar: adquiera mercancías que se encuentren en vitrinas congeladoras cuidadas y cuyas paredes no estén cubiertas de hielo. Aquellos productos que estén colocados por encima de la marca que indica el límite de almacenamiento, están expuestos a altas temperaturas, con lo que su calidad se ve menoscabada.
Dé preferencia a las mercancías «listas para cocinar» que, una vez descongeladas, pueden prepararse como los productos frescos. Esto puede hacerse extensivo a las aves, la carne y el pescado. Puesto que el camino que va de la tienda a casa no debería durar más de 2 horas, lo mejor es envolver los alimentos congelados con papel de periódico o bolsa sintética, por si acaso.

Preparar los alimentos de manera óptima
Lo que se ha seleccionado con cuidado de los estantes de las tiendas, deberá de prepararse con el mismo esmero. Al fin y al cabo, lo importante es la cantidad de sustancias nutritivas valiosas que se consumen cuando los alimentos ya están cocinados.

La luz, el oxígeno del aire y el calor desintegran rápidamente las vitaminas. Por este motivo, lo mejor sería guardar los alimentos frescos en lugar frío y protegerlos de la luz envolviéndolos en papel de aluminio o metiéndolos en recipientes. Tratándose de frutas y verduras, la pérdida de vitaminas es mínima si se observan las siguientes reglas:
• Guarde frutas y verduras en el compartimento reservado para ellas en la nevera y consúmalas en el transcurso de pocos días.
• De ser posible, no coloque las frutas y verduras juntas en el mismo compartimento (las mezclas de sabores, pueden echarlas a perder).
• No ponga nunca frutas de adorno en habitaciones cálidas.
• Prepare las frutas y verduras sólo momentos antes de ir a cocinarlas. Es recomendable dejar que los productos congelados se descongelen en la nevera.

• Pele y limpie los alimentos quitándoles únicamente lo necesario, lávelos brevemente, pero a fondo, y trocéelos sólo entonces.
• Las frutas o verduras troceadas y descongeladas tienen una mayor superficie expuesta al aire. Debido al oxígeno, los alimentos adquieren un color pardusco. Por este motivo, prepare enseguida ambos tipos de alimentos.
• Cueza siempre los productos con el recipiente cerrado, procurando destaparlo lo menos posible o no destaparlo en absoluto.

El agua elimina las vitaminas y sustancias minerales hidrosolubles. Por ello, observe los siguientes consejos:
• No vuelva a lavar las verduras ya troceadas y tampoco las deje reposar en agua.
• Cueza las verduras en la olla tapada y sólo con el agua que les quede adherida al lavarlas o añadiendo una mínima cantidad de agua. Es importante disponer de una tapa que cierre bien, a fin de que se forme suficiente vapor en el recipiente.
• Utilice el líquido de la cocción, ya que contiene las vitaminas y sustancias minerales que han soltado los alimentos.
• No añada la sal hasta el final de la cocción. Hace que los alimentos suelten vitaminas y sustancias minerales.
• Cueza los cereales y las legumbres en el agua de maceración.

El fuego vivo, los largos tiempos de cocción y los períodos prolongados para mantener calientes los alimentos destruyen vitaminas. Esto podrá evitarse si se tiene en cuenta lo siguiente:
• Inmediatamente después de que el líquido rompa a hervir, reduzca la temperatura lo justo para que el contenido del recipiente cueza sin que apenas despida vapor hacia fuera.
• Aténgase a tiempos de cocción lo más breves posible; es recomendable trabajar con un reloj. Las verduras tienen que tener la consistencia del bocado «al dente» y no deben cocerse demasiado.
• No mantenga calientes durante horas los platos preparados; por el contrario, déjelos enfriar rápidamente, póngalos en lugar frío y

vuelva a calentar la ración que necesite.

Cocer con poca grasa
Hay que evitar, en lo posible, aquellos procedimientos de cocción que necesitan mucha grasa. Pues las carnes magras, el pescado pobre en grasa, las patatas y verduras se convierten en bombas de calorías cuando se preparan con mucha grasa. Una cucharada colmada de grasa para freír (unos 25 g) aumenta el contenido en calorías de un plato en unas 225 calorías. Con los modernos procedimientos de cocción se puede renunciar a la grasa para freír parcial o incluso totalmente. Asar sin grasa tiene una ventaja adicional, a saber: la grasa invisible que «se esconde» en la carne se derrite y se pierde, en su mayor parte, al salpicar o al quedarse adherida al recipiente. El contenido en grasa de un trozo de carne se ve reducido así hasta el 40%. Entre las técnicas de cocción sin o con poca grasa se encuentran:
• Cocinar con papel de aluminio, bolsas transparentes para asar, asar en cazuela de terracota, en recipientes de acero inoxidable, o en el microondas.
• Freír en sartenes antiadherentes, en sartenes que se cubren con papel para freír y en el microondas.
• Hornear y asar a la parrilla:
En las páginas que siguen encontrará explicadas paso a paso algunas de estas técnicas de cocción.

Cocinar con poca grasa

Cocer con poca agua

Las ollas de acero inoxidable de alta calidad, con una base conductora del calor y una tapa que cierre bien, permiten cocinar sin agua ni grasa. Para cocer verduras, es suficiente con el agua que ellas mismas tienen y el agua que se les queda adheridas al lavarlas. Las vitaminas y sustancias minerales no se echan a perder. La consistencia, el color, el aroma y el sabor propio de cada verdura se conserva incluso cuando se preparan distintas variedades de verduras al mismo tiempo y en el mismo recipiente. También puede renunciarse a la sal.

Eche las verduras lavadas, en un recipiente frío, coloque la tapa y póngalas a cocer a fuego moderado. Con el calor se forma un vapor que, transcurridos algunos minutos, harán bailar la tapa.

Cocer al vapor

Con vaporeras de cocción al vapor especiales, que dispongan de una tapa que cierre bien y de una cesta complementaria, podrá cocinar los alimentos con el vapor que desprende el agua. Es suficiente con cubrir la base del recipiente con un poco de agua. Con la cocción al vapor se conservan la consistencia, el color y el sabor de las verduras, con lo que se puede ahorrar la sal. La pérdida de sustancias nutritivas es particularmente pequeña si utiliza luego el líquido de cocción. Todos los tipos de verduras, al igual que patatas y frutas, son apropiadas para este tipo de cocción. Para preparar pescado puede emplear, en lugar de agua, un caldo a base de vino blanco y condimentos.

Disponga los ramitos de brécol en la cesta de cocción al vapor. Eche agua en el recipiente hasta alcanzar una altura de 3 cm de alto.

Cocer a presión

En las ollas a presión se genera una sobrepresión del vapor que hace subir la temperatura a 105-120°, acortando sensiblemente el tiempo de cocción. A altas temperaturas se destruyen vitaminas. Por esta razón no habría que preparar las verduras más que en ollas a presión que estén equipadas con un regulador de temperatura. Las verduras se cuecen entonces a baja temperatura (nivel protector). La pérdida de sustancias nutritivas es, así, escasa. Debería atenerse con exactitud a los tiempos de cocción, a fin de evitar que los alimentos cuezan demasiado.

Para cocer patatas, eche en la olla exprés $^1/_8$ l de agua, aproximadamente. Meta las patatas en la olla colocándolas en el suplemento de cocción. Cierre bien la olla con la tapa.

Rehogar

Al rehogar, los alimentos se cuecen a fuego lento en un poco de líquido y grasa. Este método de cocción, que respeta las propiedades de los alimentos, es apropiado para productos que contengan mucho agua, como verduras con hojas, setas, tomates, pepinos o zanahorias. Es importante que la olla o la sartén dispongan de una tapadera que cierre bien. Sofría los alimentos brevemente en un poco de grasa, coloque una tapadera apropiada y haga que cueza todo rápidamente. Baje en seguida la temperatura. Deje luego que los alimentos se rehoguen en su propio jugo, sin remover. La temperatura de cocción es inferior a los 100°. Con esto, las sustancias nutritivas quedan ampliamente conservadas.

Para preparar la sartén de setas y espinacas (receta de la página 57), caliente un poco de aceite de oliva en la sartén. Sofría primero los trozos de cebolla y pimiento durante 4-5 minutos, removiendo. Añada los condimentos y remueva.

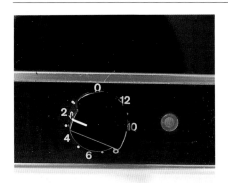

Disminuya enseguida la temperatura y continúe cociendo las verduras a fuego lento. De este modo, al cabo de un breve tiempo la tapa queda muy firmemente adherida. El vapor se condensa en la tapa y gotea sobre los alimentos. Así, las verduras se cuecen por debajo de los 100°, conservando sus propiedades.

Los tiempos de cocción son un poco más largos que al hervir en agua (las tablas con los tiempos pueden encontrarse en las instrucciones de uso). Otra ventaja: si piensa preparar pescado como guarnición, puede ponerlo sobre las verduras y cocerlo a la vez. El sabor propio de los productos se mantiene al hacer esto.

Coloque en la olla la cesta de cocción al vapor con los ramitos de brécoles y ponga la tapa. Lleve a ebullición el agua a fuego vivo, reduzca luego la temperatura y continúe la cocción a fuego moderado. La verdura se cuece conservando sus propiedades naturales por debajo de los 100°.

Transcurridos unos 8 minutos, haga una prueba de cocción y, de ser necesario, deje que se siga haciendo todo otros 2-3 minutos. Los tiempos de cocción son un poco más largos que en la cocción usual con agua y, claro está, diferentes según el tipo de verdura.

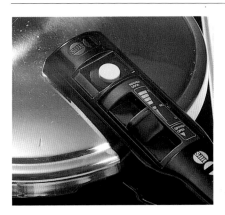

Ponga a cocer las patatas a fuego vivo. En la olla aumenta la presión del vapor, que incide sobre la válvula. Por el dispositivo de control puede comprobarse la temperatura alcanzada. Siga cociendo las patatas al nivel protector y a fuego lento. Importante: respete las indicaciones de tiempo del fabricante.

¡No abra nunca la olla mientras esté bajo presión! La tapa puede quitarse con facilidad tan pronto como la presión en la olla haya bajado. Déjela enfriar primero hasta que el vapor se haya escapado por completo. Si echa agua fría sobre la tapa cerrada, es más rápido.

Coloque las espinacas lavadas sobre las verduras, ponga la tapadera, disminuya la temperatura y rehóguelo todo unos 10 minutos a fuego lento y sin remover.

Desmenuce las espinacas sirviéndose de 2 tenedores y revuélvalas con la cebolla y el pimiento. Incorpore, entonces, las setas preparadas.

Asar con papel de aluminio

Utilizando papel de aluminio, los alimentos se cuecen en su propio jugo sin necesidad de añadir grasa ni agua. Este tipo de preparación es muy apropiado para aquellos productos que contienen en sí mucha agua. El papel de aluminio es termoestable, por lo que puede utilizarse en el horno, bajo el grill y en la sartén. A fin de que los alimentos no se queden pegados al papel, habrá que engrasar primero ligeramente el papel de aluminio (no se hace en el caso de las patatas con monda). Hay que doblar el papel de aluminio de manera adecuada para que no pueda salir el jugo que se forme. El sabor, las vitaminas y las sustancias minerales quedan ampliamente conservadas con este procedimiento.

Para preparar la «Trucha en papillote, con ensalada de tomate y plátano» (receta en la página 79), corte un trozo de papel de aluminio suficientemente grande. El trozo tiene que ser tan grande que la trucha pueda envolverse ahí holgadamente. Pincele luego el papel ligeramente con aceite.

Asar con bolsa o película transparente

Con este procedimiento se puede asar totalmente sin grasa y respetando las sustancias nutritivas de los alimentos. Los productos ricos en agua, como las verduras, por ejemplo, se asan en su propio jugo. En el caso de alimentos secos, como trozos de carne para asar o pescados, deberá añadir 1 cucharada de agua. La película para asar —en forma de hoja tubular abierta por los extremos, para grandes cantidades, o de bolsa, para alimentos de pequeño tamaño— es termoestable hasta una temperatura de 200° y sólo es apropiada para cocinar en el horno. La película con el contenido ha de estar bien cerrada. Es recomendable colocarla en la rejilla fría y meterla en el horno.

En primer lugar, corte un trozo de película de plástico tubular de 30-40 cm de largo. Ponga en uno de los extremos un cierre de los que vienen incluidos en el paquete, procurando que quede bien fijo. Introduzca luego en la bolsa los ingredientes preparados para el ragú de pavo de la página 83. Ponga un cierre en el otro extremo. Fije el cierre a unos 5 cm de distancia del contenido.

Asar en cazuela de terracota

En la cazuela de terracota se puede asar sin grasa y en el propio jugo. Siempre que vaya a utilizar cazuela de terracota, deberá ponerla previamente en remojo unos 15 minutos. El agua absorbida se transforma en vapor al cocer. Los alimentos quedan jugosos, y el líquido que se forme puede utilizarse como salsa. La cazuela de terracota se mete siempre en el horno frío. Los tiempos de cocción se alargan en 1/3 respecto a los asados normales en el horno. La carne, las aves y los gratinados de queso adquieren una bonita capa dorada si se quita la tapa momentos antes de finalizar la cocción.

Para el pollo con piña a la cazuela, ponga la cazuela de terracota en remojo unos 15 minutos. Si es la primera vez que utiliza la cazuela, unos 30 minutos. Condimente el pollo y rellénelo con la piña.

Freír con papel especial

Con este papel pueden freírse todos los alimentos sin añadir grasa. Se trata de un papel de pergamino especial con un recubrimiento cerámico que hace que el calor tarde un poco más en llegar a los alimentos. Con él se puede freír a temperatura más baja, respetando las sustancias nutritivas de los productos. Este papel se adapta a cualquier tipo de sartén. Tratándose de alimentos secos, hay que añadir un poco de agua.

Si quiere preparar una tortilla de patata rallada con salvado de avena (receta en la página 53), coloque el papel en la sartén de modo que la parte del dibujo quede a la vista.

Envuelva la trucha en el papel de aluminio, procurando que no quede muy apretada para que pueda generarse vapor durante la cocción. Doble primero el papel por la parte superior y luego por los lados, hasta formar un paquetito o papillote. Coloque el paquete sobre la rejilla o la bandeja del horno y métalo en el centro de éste durante unos 30 minutos a 200-220°.

Abra el paquete por los lados y por arriba. Guarnezca la trucha con rodajas de limón y sírvala en el papel de aluminio.

Sirviéndose de un tenedor, pinche una o dos veces la bolsa en la parte superior central, de modo que pueda escapar el vapor que se forme durante la cocción. Meta la bolsa en el centro del horno colocándola en la rejilla fría y deje asar el pavo unos 40 minutos a 200°.

Saque la bolsa con la rejilla y póngala en el fregadero. Abra la bolsa por un lado, coloque un recipiente debajo y vacíe en él el contenido.

Coloque el pollo en la cazuela de terracota, distribuya por encima los trozos de piña que sobren, añada unas gotas de coñac y coloque la tapa. Meta la cazuela en el horno frío (abajo). Hornee el pollo a 240° durante 1 1/2 horas, aproximadamente.

Coloque la cazuela de terracota sobre una tabla de madera para que no se rompa. Saque el pollo y trocéelo en cuartos. Prepare una salsa a partir del fondo de cocción, el zumo de piña y la crema.

Distribuya la masa aplastándola sobre el papel y coloque la sartén sobre el fuego. Fría la tortilla a fuego moderado hasta que esté ligeramente dorada.

Dé luego la vuelta a la tortilla, al tiempo que sujeta el papel con una espumadera. Reduzca la temperatura y fría la tortilla por el otro lado a fuego lento hasta que quede crujiente.

Lo que también es provechoso

Brotes, gérmenes y ensaladas de productos crudos

Las verduras más frescas

Con independencia de la época del año, brotes y gérmenes germinan dejándolos 3-6 días a temperatura ambiente, sin dar prácticamente ningún trabajo. Al germinar se producen nuevas sustancias nutritivas, en particular las vitaminas del grupo B y la vitamina C. Esto significa que brotes y gérmenes tienen un mayor valor desde un punto de vista fisiológico-nutritivo que sus semillas. Son, además, pobres en calorías, ricos en fibra y económicos.

Eche 1 taza de judías verdes de soja con 4 tazas de agua en un frasco de conserva (capacidad, 1,5 l) y déjelas en remojo una noche. Durante ese tiempo, las judías absorben humedad y comienza el proceso de crecimiento.

Lo que ha de tener en cuenta

Para este proceso de germinación pueden utilizarse semillas de guisantes, lentejas, judías de soja, garbanzos, pepitas de girasol y de calabaza, berros, mostaza, alfalfa, rábano, trigo, centeno, cebada, avena, mijo y alforfón. Después de la recolección hay que lavar a fondo los brotes y los gérmenes y escaldarlos metiéndolos unos instantes en agua hirviendo, a fin de eliminar los posibles microorganismos. En el caso de los berros y la alfalfa, no es necesario hacer esto. Es recomendable comer enseguida las semillas germinadas; razón por la cual no conviene poner a germinar cantidades demasiado grandes de semillas. Al guardarlas se echan a perder el sabor y algunas vitaminas.

Cuele las judías, enjuáguelas con agua tibia en un colador y vuelva a meterlas en el frasco. Tape el frasco con gasa esterilizada y una goma, inclínelo y deje escurrir el agua restante. Ponga después el vaso derecho.

Lo que puede hacer con ellos

Brotes y gérmenes saben estupendamente como ingredientes de ensaladas de verduras crudas, sopas, platos de verduras y cereales, o sencillamente sobre rebanadas de pan. Las tiendas de productos dietéticos tienen un amplio surtido de semillas, en cuya limpieza y poder germinativo puede confiarse. Ahí pueden adquirirse también recipientes de germinación especiales donde poner a germinar varios tipos de semilla separadas entre sí.

Eche agua templada en el frasco una vez por la mañana y otra por la tarde y deje las judías en remojo durante unos 15 minutos. Retire las cascarillas que se desprendan. Quite el agua, vuelva a tapar el frasco y escurra el agua restante. Vuelva a poner el frasco derecho. Repita este proceso todos los días.

Lo que necesita para hacerlos germinar

Comience con judías de soja verdes. Para ello necesita un frasco de conserva, gasa esterilizada y una goma. Si tiene éxito esa primera vez, pruebe también con otras semillas, gérmenes o cereales.

A los 4-6 días pueden recogerse ya los brotes de soja. Una taza de judías Mungo da 4-5 tazas de brotes de soja. Escalde los brotes brevemente en agua caliente y consúmalos enseguida. Pueden conservarse algunos días en la nevera dentro de un recipiente cerrado. No obstante, el contenido en vitaminas disminuye cada día.

Salsa vinagreta

Combina con todo tipo de ensaladas de lechuga y verduras.
Las verduras crudas, las lechugas y las hierbas frescas tienen la mayor concentración en vitaminas, sustancias minerales y oligoelementos. Son ricas en fibra y, por si fuera poco, pobres en calorías. Si se come una ensalada de verduras crudas antes del plato principal, éste podrá ser luego mucho menos copioso. El plato principal podrá reducirse hasta en una tercera parte, según han establecido científicos especializados en alimentación. La satisfacción del apetito conseguida será aún mayor si deja transcurrir 10 ó 15 minutos antes del plato principal.
Contiene por ración unos 100 kJ/24 kcal · 2,5 g de grasa

Para la salsa
4 cucharadas de agua · 2 cucharadas de vinagre · 1 cucharada de aceite vegetal de alto valor nutritivo o de aceite de oliva · 1 cucharada de pepinillo en conserva muy picado · 1 cucharada de cebolla muy picada · 1 pizca de pimienta blanca · 1 pizca de sal yodada · 1 chispa de edulcorante líquido. Si lo desea, añada un poquitín de ajo o algo de mostaza y estragón.

Salsa del Extremo Oriente para ensaladas

Combina con todo tipo de ensaladas de lechuga, brotes y gérmenes. No sólo la lechuga puede comerse cruda. La abundante oferta hace que sea muy sencillo preparar ensaladas de alimentos crudos llenas de variaciones en cualquier época del año. Las verduras de la estación cultivadas al aire libre tienen el máximo contenido en sustancias nutritivas. Son más aromáticas que las verduras de invernadero. Para estas ensaladas puede utilizar todos los tipos de lechuga, verduras de raíz, coles, verduras de pepita, así como verduras del tipo de la cebolla.
Contiene por ración unos 110 kJ/26 kcal · 2,5 g de grasa

Para la salsa
revuelva bien en un recipiente 2 cucharadas de agua · 2 cucharadas de vinagre de frutas · 2 cucharadas de salsa de soja · 1 cucharada de aceite de sésamo o de cacahuete · 1 pizca de pimienta blanca · 1 chispa de edulcorante líquido.

Salsa picante de yogur

Combina con todo tipo de ensaladas de lechuga, hortalizas de raíz, coles y hortalizas de pepitas.
Usted decidirá cómo combinan todos estos productos diversos. Deje correr libremente su fantasía. Lo importante es, no obstante, la forma de preparar las ensaladas. Para que el contenido energético sea bajo, también la salsa de la ensalada deberá ser ligera y pobre en grasa. Tiene que hacer resaltar el sabor particular de los productos de una manera discreta, sin taparlo.
Contiene por ración unos 68 kJ/16 kcal · 0,4 g de grasa

Para la salsa de yogur
100 g de yogur (1,5% de mat. grasa) · 1 cucharada de vinagre de vino tinto · 1/2 cucharadita de tomate concentrado, mostaza no muy picante y raiforte recién rallado, respectivamente · 1 chispa de salsa Worcester y edulcorante líquido, respectivamente · 1 pizca de pimienta blanca · 1 pizca de sal yodada Bata bien todos los ingredientes.

Salsa de tofu para ensaladas

Combina con todo tipo de platos de verduras crudas, o sirve de salsa espesa para mojar barritas de zanahoria, de pepino o de tallo de apio, así como hojas de endibia.
Con las salsas de esta página, sus ensaladas tendrán un gusto extraordinario, a pesar de no tener apenas grasa ni calorías. Los ingredientes están calculados para 4 raciones. Prepare de una vez más cantidad. Lo que no necesite puede conservarse durante varios días metiéndolo en el frigorífico dentro de un recipiente cerrado. Utilice hierbas frescas.
Contiene por ración unos 86 kJ/20 kcal · 1,6 g de grasa

La salsa de tofu
se prepara a partir de 50 g de tofu cremoso · 1 cucharadita de aceite vegetal de alto valor nutritivo · 2 cucharadas de vinagre de vino blanco o de zumo de limón · 1 cucharadita de mostaza · 1 cucharadita de cebolla picada, encurtidos variados en vinagre y alcaparras, respectivamente · 1 chispa de edulcorante líquido · 1 pizca de sal yodada. Mezcle todos los ingredientes. Eventualmente, rebaje la salsa con un poco de agua.

Unas palabras sobre las recetas

Si usted padece un trastorno del metabolismo de las grasas, debería alimentarse principalmente a base de una dieta lacto-vegetariana que incluya, en primer término, alimentos vegetales y productos lácteos semidesnatados. La carne y el pescado constituyen, ciertamente, un complemento razonable, pero no deben ser la parte principal de una comida, ni tampoco consumirse a diario. Si tiene un nivel de colesterol alto, debería renunciar a los huevos y a los productos de casquería. Teniendo un nivel de triglicéridos alto, habrá que limitar, sobre todo, el azúcar y el alcohol. La ingestión de energía deberá ajustarse a su necesidad.

De lo que se trata ahora es de cómo llevar a la práctica diaria estas recomendaciones. Las recetas de las páginas que vienen a continuación le servirán de ayuda en esta empresa. En ellas encontrará una gran cantidad de platos preparados en su mayor parte sin carne y con un bajo contenido en grasa, colesterol y calorías. Tan sólo una pequeña parte de las recetas la he dedicado a los platos de carne y pescado. En estos capítulos mostraré cómo preparar la carne y el pescado con poca grasa y cómo quedar también satisfecho con raciones más pequeñas.

Si no se indica otra cosa, he calculado las recetas para 4 personas, de modo que usted pueda alimentar de manera sana también a su familia. Esto reviste una especial importancia si tenemos en cuenta que los trastornos del metabolismo de las grasas pueden transmitirse también hereditariamente. No olvide esto si tiene hijos; pues prevenir es siempre mejor que curar.

Todas las recetas contienen los datos relativos a la energía y las sustancias nutritivas para una persona. Adicionalmente, le indico el contenido en fibras y colesterol. Con seguridad, esto le será de ayuda para controlar su ingestión de grasas, calorías, fibras y colesterol. El peso de los ingredientes está indicado en cantidades exactas, y, en calidad de ayuda adicional y siempre que ha sido posible, aparece medido en cucharadas o unidades. La cantidad de los ingredientes se refiere a alimentos ya limpios y preparados. Así pues, al hacer la compra deberá tener en cuenta siempre las posibles partes no aprovechables de los alimentos.

Con una balanza de cocina puede pesar los ingredientes con exactitud. En el caso de algunos alimentos, como, por ejemplo, el aceite, las grasas para untar, el vinagre, la leche, los edulcorantes líquidos, los frutos secos, semillas y pipas, la labor de medir será más fácil si utiliza las medidas indicadas en cucharadas. Busque en su cubertería una cuchara con capacidad para 10 gramos y una cucharita en la que quepan 5 gramos. Una vez que ha calculado esa cantidad, podrá utilizar siempre esa misma cuchara.

Las abreviaturas utilizadas en las recetas significan:

g = gramo
l = litro
cc = centímetro cúbico

En las recetas he dado preferencia a los productos frescos y lo menos elaborados posible. Tan sólo en algunos platos se alarga el tiempo de preparación por este motivo. Esto se refiere, sobre todo, al arroz integral y a cereales y legumbres que tienen que ponerse a remojar y deben cocer más tiempo. Estos productos pueden prepararse en cantidades más grandes y conservarse guardados en la nevera durante una semana como máximo. Esto supone un ahorro de tiempo, pues sólo será necesario calentar los alimentos ya cocidos según la ocasión. También puede utilizar legumbres en conserva, ya que su contenido en sustancias nutritivas equivale al que tienen las de preparación casera. No obstante, contienen mucho cloruro sódico, no debiendo emplearse en caso de hipertensión.

Ciertos ingredientes, como la harina gruesa y la harina integral, tendrán que estar siempre recién molidos. Si no tiene un molinillo de cereales, también podrá moler pequeñas cantidades de cereal en un molinillo de café o utilizando el robot de cocina.

Para algunas recetas puede utilizar productos congelados en lugar de verduras y frutas frescas. Seleccione únicamente productos que no tengan otros añadidos. Los tiempos de cocción de verduras descongeladas son algo más cortos.

Utilice siempre aceites vegetales de alto valor nutritivo, tales como el aceite de cártamo, el de girasol, el de soja o el de germen de maíz, a fin de ingerir suficiente cantidad de ácido linólico.

Los aceites y grasas dietéticos tienen un contenido particularmente alto en ácido linólico. Estos productos ofrecen otras ventajas adicionales. Así, por ejemplo, la grasa vegetal dietética es estable al calor y es particularmente apropiada para freír. Para rehogar y hornear puede utilizar la crema líquida vegetal dietética. Los aceites dietéticos son de sabor neutro y sirven para preparar salsas para ensaladas. La margarina dietética o la semigrasa dietética pueden utilizarse como grasa de untar o para preparar cremas para canapés. En algunas recetas he preferido aceites vegetales de sabor más intenso, como el de sésamo, el de cacahuete, el de nuez o el de pepitas de calabaza, por ejemplo. Según su gusto, puede sustituir éstos por otros aceites vegetales de alto valor nutritivo o por aceite de oliva.

Para platos elaborados con caldo de verduras pueden emplearse caldos de verduras o de levadura preparados. Estos caldos se adquieren en las tiendas de productos dietéticos en forma de polvo, pasta o cubitos. Si tiene la tensión alta, puede cambiarlos por caldos instantáneos dietéticos pobres en cloruro sódico (tiendas de productos dietéticos).

Tiene que ser ahorrativo con el cloruro sódico. Necesitará menos sal si sazona los platos momentos antes de finalizar el tiempo de cocción o al ir a servirlos. Utilice por principio sal de mesa yodada; en caso de hipertensión, ¡sal yodada dietética! Tenga en cuenta lo siguiente: algunas mezclas de condimentos preparados contienen mucho cloruro sódico. Con-

dimente con abundantes hierbas frescas; éstas pueden sustituirse parcialmente por productos congelados. Las hierbas frescas puede cultivarlas también usted mismo y congelarlas.

Es recomendable endulzar con edulcorantes líquidos. Se puede dar el último toque de sabor a algunos platos con sustancias edulcorantes en lugar de azúcar. ¡Todas las sustancias edulcorantes carecen de calorías! También pueden sustituirse por sustancias edulcorantes, en particular cuando se tiene azúcar en la sangre o sobrepeso, otros productos para endulzar que contienen azúcar, como la miel y el zumo concentrado de manzana o de pera. 1 cucharadita de edulcorante líquido equivale a 66 g de azúcar, 80 g de miel o 95 g de zumo concentrado de manzana o pera, de este modo se ahorran 240-270 kcal.

En algunas recetas quizá descubra productos que todavía le son desconocidos. Debería conocer sus ventajas:

Los gérmenes ofrecen lo más valioso del grano de trigo: proteínas de alto valor nutritivo, aceite de germen rico en ácido linólico, vitaminas (grupo B y vitamina E), así como sustancias minerales (potasio, magnesio, hierro, cinc). Tienen un fino sabor a nuez.

Los copos de levadura fina son una importante fuente de vitaminas del grupo B, así como de las sustancias minerales: potasio, magnesio y calcio, y tienen un gusto muy sabroso.

Con pequeñas cantidades puede realzar el valor nutritivo de unos müslis, de una pasta para canapés, así como de platos de cereales o verduras. Ambos tipos de copos pueden adquirirse en tiendas de productos dietéticos.

Los espesantes dietéticos son productos vegetales que sirven para ligar salsas y pueden emplearse en lugar de fécula, budín en polvo o harina blanca. Una pequeña cantidad ya basta para ligar sopas, salsas y postres sin casi añadir calorías. Estos espesantes pueden adquirirse en tiendas de productos dietéticos, o en la sección dietética de algunos supermercados.

El extracto de huevo dietético es un producto elaborado a base de clara de huevo de gallina del que se ha extraído la yema. Al diluirlo en agua, parece huevo de gallina batido. Y también tiene las mismas aplicaciones. Para preparar una ración, revuelva 2 cucharadas de medida de extracto en polvo con 2 cucharadas de medida de agua. Esta cantidad es equivalente a un huevo de gallina. Con un huevo de gallina consume usted unos 300 mg de colesterol, con la misma cantidad de extracto de huevo dietético, sólo 2 mg de colesterol. Este nuevo producto no se encuentra aún en el mercado español.

No hay por qué sustituir siempre los huevos por extracto dietético. Existen otras alternativas. Muchos platos también salen bien con requesón, queso fresco.

El salvado de avena con germen consta del grano de avena entero y tiene un contenido especialmente alto en fibras con capacidad de absorción (que tienen un efecto reductor de las grasas en la sangre). Con él pueden elaborarse müslis, rellenos para verduras y hamburguesas de verduras

y cereales. También puede emplear el salvado de avena con germen en repostería.
Puede sustituirse el salvado de avena con germen por copos de avena integral con germen machacados o molidos. Sin embargo, tienen un menor contenido en fibra.

Los productos de soja constituyen una fuente particularmente buena de proteínas de soja, que tienen un efecto reductor del colesterol y propiedades preventivas con respecto a la arteriosclerosis. Los productos frescos de soja, como el queso de soja (tofu), la crema de soja o la leche de soja, por ejemplo, pueden emplearse en sustitución de productos lácteos. Contienen menos grasa y calorías y carecen, además, de colesterol. Como ocurre con todos los productos frescos, su conservabilidad es limitada.
Los productos secos de soja (soja concentrada o proteínas de soja en forma de trozos pequeños, tiras o taquitos) se elaboran a partir de harina de soja o harina

gruesa de soja desgrasada. Éstos productos carecen de grasa y colesterol, son ricos en fibra y pobres en calorías, y pueden conservarse ilimitadamente. Hay que remojarlos antes de la preparación, con lo que su volumen aumenta de 3 a 4 veces. Para una ración son suficientes 20-30 gramos de producto seco. Al igual que la carne, los productos de soja remojados pueden cocerse, rehogarse, freírse y hornearse.
En la parte dedicada a las recetas encontrará muchos platos que se preparan a base de productos de soja. Los productos de soja pueden adquirirse, frescos y secos, en tiendas de productos dietéticos y herbolarios bien surtidos.

Las pipas y semillas (pipas de girasol y de calabaza, semillas de sésamo) son, junto a otros frutos secos, extraordinarios suministradores de ácidos grasos insaturados, proteínas vegetales de alto valor nutritivo, vitaminas, sustancias minerales y fibras. Puesto que son al mismo tiempo muy ricas en calorías, sólo deberían utilizarse en pequeñas cantidades. Pueden conseguirse en tiendas de productos dietéticos, herbolarios, tiendas de frutos secos y supermercados (sección dietética y de frutos secos).

El ajo es un condimento extraordinario, por lo que se emplea muy a menudo en este libro. Usted ha de decidir si quiere comerlo regularmente. Por supuesto que también se pueden preparar los platos sin ajo.

En muchas recetas encontrará sugerencias prácticas que le ayudarán en la preparación, le brindarán ideas para variar o le proporcionarán breves informaciones sobre algún alimento determinado. Igualmente hallará consejos relativos a guarniciones que acompañen bien.

En todas las recetas indico los tiempos de preparación. Estos le ayudarán a la hora de calcular correctamente el tiempo que necesita. Un robot de cocina, una máquina de cocina o una batidora con un brazo para batir y amasar, así como un brazo para hacer purés, son utensilios de mucha ayuda en la preparación. Los tiempos de cocción indicados dependen de la potencia de su cocina y pueden variar un poco. En las recetas encontrará los datos de temperatura tanto para los hornos eléctricos como para los hornos de gas. El nivel 1 equivale a 140-160°. Cada nivel superior aumenta la temperatura en unos 20°. Al final del libro se encuentran planes para menús diarios para un régimen de reducción de peso de 1000 calorías y para un régimen normal de 2000 calorías. Todos los platos que aparecen en estos planes pueden prepararse siguiendo las recetas de este libro. Estos planes tienen la finalidad de ayudarle a alimentarse de manera sana, con pocas calorías y poco colesterol y abundantes hidratos de carbono y fibras. Siguiendo estos modelos y conjugándolos con las recetas de este libro, podrá confeccionar usted mismo al gusto muchos otros planes para menús diarios.

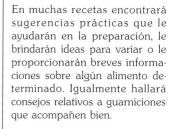

Ideas para el desayuno

Comience el día con un müsli o una papilla a base de cereales recién preparados y, sobre todo, seleccionados por usted. Todos los tipos de cereal son apropiados para ello. Combine sus müslis con frutas frescas de la estación y leche semidesnatada o productos lácteos semidesnatados, frutos secos o semillas. Da igual que sus preferencias se inclinen por lo dulce o por lo salado, las recetas de este capítulo tienen algo que ofrecer para todos los gustos. Pruebe, por ejemplo, el müsli de copos de trigo, bayas (en primer plano de la foto, receta en la página 36) o el müsli de trigo con plátano (al fondo de la foto, receta en la página 35), que pueden verse en esta doble página. También hay sugerencias para los que prefieren comer por las mañanas pan untado. ¿Qué le parece un pan integral y una crema de aguacate, o un pan de sésamo untado con una espesa capa de pasta de berenjena? También combinan bien con el pan o los panecillos integrales las cremas a base de plátano, copos de avena o soja, todo lo cual le dará el vigor que necesita para empezar el día.

Müsli de cereales frescos

Es ésta una receta básica que puede variarse fácilmente con frutas, frutos secos y yogur

Ingredientes para 1 persona:
30 g de granos de cereal
(trigo, centeno, cebada, espelta
verde o avena pelada)
55 cc de agua
50 g de manzana
1 cucharadita de zumo de limón

Por persona, unos
490 kJ/120 kcal
4 g de proteínas · 1 g de grasas
24 g de hidratos de carbono
6 g de fibra · 0 mg de colesterol

Tiempo de remojo: mínimo 30
minutos, máximo 10 horas
Tiempo de preparación:
5 minutos

Muela groseramente los cereales, mézclelos con el agua. Déjelos remojar por lo menos 30 minutos antes del desayuno o durante la noche, en el frigorífico. ● Lave la manzana, quítele el corazón y rállela. ● Revuelva la manzana con el zumo de limón y los cereales remojados.

Nuestra sugerencia: El müsli de cereales frescos constituye la base para numerosas variaciones. Realce su müsli de cereales frescos con frutas de la estación, frutos secos macerados o frutas cocidas (compota sin azúcar). Si lo prefiere salado, son particularmente apropiadas las verduras secas, los brotes de cereales y semillas, las hierbas e ingredientes tales como los copos de levadura o el queso parmesano rallado. Los productos lácteos semidesnatados constituyen un importante complemento de estos ingredientes básicos vegetales. Elija en este caso entre yogur, kefir, leche, leche agria, suero de leche, leche cuajada o requesón magro, previamente diluidos con zumo de fruta. El toque final de sus müsli lo ponen los frutos secos, las pepitas y semillas o los copos de germen de trigo. Si se tuestan un poco, están particularmente buenos. Para endulzar puede utilizar miel, zumo de pera o de manzana concentrado o edulcorante líquido sin calorías. Las variantes saladas están muy buenas condimentadas con pimienta, pimentón y un poco de sal.

Müsli de cereales frescos, dulces y picantes

Para empezar bien el día

Müsli de trigo con plátano

A la izquierda de la foto

Ingredientes para 1 persona:

30 g de trigo o de espelta verde
55 cc de agua
50 g de manzana
1 cucharadita de zumo de limón
50 g de plátano
10 g de pasas sin tratar
75 g de yogur (1,5% mat. grasa)
1 pizca de canela
Edulcorante líquido
5 g de pepitas de girasol tostadas

Por persona, unos
1100 kJ/260 kcal
9 g de proteínas · 5 g de grasas
45 g de hidratos de carbono
7 g de fibra · 0 mg de colesterol

Tiempo de remojo:
30 minutos
Tiempo de preparación:
10 minutos

Muela groseramente el trigo o la espelta verde y pónga-lo a remojar en agua de 30 minutos como mínimo o toda la noche. ● Lave la manzana, quítele el corazón y rállela. ● Mezcle el trigo con la manzana y el zumo de limón ● Corte el plátano en rodajas y añádalo junto con las pasas. ● Bata el yogur con la canela, condiméntelo con edulcorante y añádalo todo a la mezcla de trigo y frutas. Esparza las pepitas de girasol sobre el müsli.

Müsli de centeno con raiforte y berros

A la derecha de la foto

Ingredientes para 1 persona:

30 g de centeno o cebada
55 cc de agua
50 g de manzana
1 cucharadita de zumo de limón
20 g de raiforte fresco
20 g de berros
75 g de leche cuajada o kefir
5 g de pepitas de calabaza tostadas (1 cucharada)

Por persona, unos
790 kJ/190 kcal
8 g de proteínas · 5 g de grasas
29 g de hidratos de carbono
7 g de fibra · 0 mg de colesterol

Tiempo de remojo:
30 minutos
Tiempo de preparación:
15 minutos

Muela groseramente los cereales y remójelos en agua unos 30 minutos. ● Lave la manzana, quítele el corazón y rállela. ● Mezcle el centeno con la manzana y el zumo de limón. ● Pele el raiforte, rállelo finamente y añádalo. ● Lave y escurra los berros. ● Revuelva la mezcla de centeno y manzana con la leche cuajada. Incorpore los berros. ● Esparza por encima las pepitas de calabaza.

Nuestra sugerencia: Frutos secos, pepitas y semillas forman parte de cualquier müsli. Su sabor es especialmente intenso si están ligeramente tostados. Dado que son relativamente ricos en grasa y calorías, sólo deberían utilizarse en pequeñas cantidades. A fin de ahorrar tiempo y energía, lo mejor es prepararse una pequeña provisión. Los frutos secos, las pepitas y las semillas pueden tostarse al mismo tiempo en el horno a 170° (nivel de gas 2-3), precalentado. Según la variedad, el proceso de tueste es más o menos largo. Utilice, por ello, una fuente termoresistente diferente para cada cosa. Las semillas de sésamo necesitan unos 10 minutos; las pepitas de girasol y las de calabaza, unos 15 minutos; avellanas y almendras, unos 20 minutos. En el caso del coco rallado y los copos de germen de trigo, lo mejor es tostarlos en una sartén seca momentos antes de ir a comerlos. Cuando tueste frutos secos, pepitas y semillas para tenerlas como provisión, guárdelos en un recipiente que cierre bien. Ahí pueden conservarse 1-2 semanas.

Müsli de copos de trigo y bayas

Rico en fibras

Müsli de cuatro cereales

Proporciona una sensación de saciedad que se prolonga por mucho tiempo

Ingredientes para 1 persona:
30 g de copos de trigo integral
10 g de salvado de avena o
copos integrales de avena
50 g de manzana
50 g de plátano
50 g de bayas frescas
o congeladas
y sin endulzar (grosellas,
zarzamoras o arándanos)
1 cucharada de zumo de limón
50 g de leche cuajada
(1,5% de mat. grasa)
50 cc de néctar dietético de
grosellas (con edulcorante)
1 pizca de canela
Edulcorante líquido
5 g de avellanas tostadas

Por persona, unos
1 100 kJ/260 kcal
9 g de proteínas · 6 g de grasas
46 g de hidratos de carbono
10 g de fibra · 0 mg de colesterol

Tiempo de preparación:
15 minutos

E che en un recipiente los copos de trigo y el salvado de
avena. • Lave la manzana con
agua templada, quítele el corazón
y trocéela. • Pele el plátano, córtelo por la mitad a lo largo y luego en rodajitas. • Limpie o des-
congele las bayas. Póngalas en
un colador para lavarlas y dejar-
las escurrir. • Añada las frutas a
los copos de trigo e incorpore el
zumo de limón. • Bata la leche
cuajada con el néctar dietético de
grosellas, condimente esto con la
canela y el edulcorante y mézclelo todo con los copos de trigo y
las frutas. Pique groseramente las
avellanas y espárzalas sobre el
müsli.

Ingredientes para 1 persona:
10 g de copos de mijo, de avena,
de soja y de trigo,
respectivamente
50 g de piña fresca o de lata,
sin endulzar
50 g de fresas frescas
o congeladas, sin endulzar
50 g de kiwi
100 g de yogur (1,5% de grasa)
1 cucharada de zumo de tamujo
sin endulzar
Edulcorante líquido
1 cucharadita de copos de coco

Por persona, unos
1 100 kJ/260 kcal
13 g de proteínas · 5 g de grasas
43 g de hidratos de carbono
7 g de fibra · 0 mg de colesterol

Tiempo de preparación:
15 minutos

E che en un recipiente los copos de cereal. • Corte la
piña en dados. • Lave las fresas,
límpielas y córtelas por la mitad,
cuartee las frutas grandes. • Pele
el kiwi, córtelo en cuatro partes y

luego en trozos pequeños. • Añada las frutas a los copos de cereal.
• Bata el yogur con el zumo, en-
dúlcelo y mézclelo luego con los
copos de cereal y las frutas. •
Tueste los copos de coco en una
sartén seca hasta que se doren ligeramente, déjelos enfriar un
poco y espárzalos sobre el müsli.

Nuestra sugerencia: Si le gustan
más los müslis blandos, remoje
los cereales algunos minutos.
Unos müslis más firmes requie-
ren un mayor esfuerzo al masti-
car, con lo que se fortalecen los
dientes. Por otro lado, proporcionan una sensación de saciedad
que dura mucho tiempo.

Papilla de alforfón con compota de cerezas

El alforfón es fácil de digerir

Papilla de avena con puré de manzana y plátano

Rico en fibras con capacidad de absorción

Ingredientes para 1 persona:
30 g de sémola de alforfón
65 cc de agua
1 pizca de sal
50 g de cerezas
100 cc de agua
1 clavo
1 pizca de canela
Edulcorante líquido o 150 g
de cerezas dietéticas
(de calorías reducidas)
30 g de crema de leche agria
(10% mat. grasa, 2 cucharadas)

Por persona, unos
695 kJ/165 kcal
4 g de proteínas · 3 g de grasas
30 g de hidratos de carbono
2 g de fibra · 10 mg de colesterol

Tiempo de preparación:
30 minutos

Ponga la sémola de alforfón en un colador, lávela con agua templada y déjela escurrir. Ponga a hervir el agua en un recipiente con la sal, agregue la sémola de alforfón y cuézala tapada unos 10 minutos a fuego lento. •

Entretanto, lave y deshuese las cerezas. Ponga a hervir el agua con el clavo, la canela y edulcorante, añada las cerezas y cuézalas tapadas unos 5 minutos a fuego lento. • Mezcle el alforfón con la compota de cerezas o con las cerezas dietéticas de tarro, incorpore la crema agria, remuévalo todo otra vez y sírvalo enseguida.

Información sobre el alforfón:
El alforfón o trigo sarraceno tiene un sabor particular, ligeramente amargo, que se suaviza al calentarlo. No es ningún cereal, sino la semilla de una poligonácea. Con su forma de tres cantos recuerda mucho al fruto del haya. El alforfón contiene una cantidad algo mayor de lisina, un aminoácido esencial, que los cereales y es muy digestivo.

Ingredientes para 1 persona:
30 g de salvado de avena con
germen, reemplazable por copos
integrales de avena
50 cc de agua
50 cc de leche (1,5% de grasa)
10 g de pasas sin tratar
50 g de manzana
50 g de plátano
1 cucharada de zumo de limón
1 cucharada de crema de leche
Edulcorante líquido
5 g de copos de germen de trigo

Por persona, unos
1 100 kJ/260 kcal
9 g de proteínas · 5 g de grasas
45 g de hidratos de carbono
9 g de fibra · 3 mg de colesterol

Tiempo de preparación:
15 minutos

Eche en un cazo el salvado de avena o los copos integrales de avena. • Vierta el agua y la leche sobre el salvado. Añada las pasas y caliéntelo todo sin dejar de remover, hasta que la mezcla parezca una papilla. Retire el cazo del fuego. • Pele la manzana, quítele el corazón y rállela finamente. Aplaste el plátano con un tenedor. • Mezcle la papilla de avena con la manzana, el plátano y el zumo de limón. Incorpore la crema de leche y endulce la papilla de avena. • Tueste los copos de germen de trigo en una sartén seca para que se doren ligeramente y espárzalos sobre la papilla de avena.

Nuestra sugerencia: Si utiliza copos integrales de avena en lugar de salvado de avena, debería molerlos antes groseramente.

Müsli de alfalfa y berros

Los brotes de alfalfa contienen mucha vitamina C

Müsli de brotes de soja con sésamo

Se pueden comprar judías de soja y germinarlas uno mismo

Ingredientes para 1 persona:

20 g de copos de mijo

10 g de salvado de avena, reemplazable por

copos integrales de avena

5 g de copos de levadura fina

5 g de copos de germen de trigo

5 g de queso parmesano recién rallado

1 tomate pequeño

1/2 cajita de berros

2 cucharadas de brotes de alfalfa

150 g de yogur (1,5% mat. grasa)

Por persona, unos
1100 kJ/260 kcal
17 g de proteínas · 6 g de grasas
32 g de hidratos de carbono
6 g de fibra · 3 mg de colesterol

Tiempo de preparación:
10 minutos

Mezcle los copos de mijo con el salvado de avena, los copos de levadura, los de germen de trigo y el queso parmesano. ● Lave los tomates y córtelos en trozos pequeños. Corte los berros de la cajita con unas tijeras, enjuáguelos en un colador junto con los brotes de alfalfa y déjelos escurrir. ● Bata el yogur con la mezcla de copos, añada los trozos de tomate, los berros y los brotes y mézclelo todo bien.

Información sobre los brotes: Los berros y los brotes de alfalfa tienen un contenido vitamínico mucho mayor que sus respectivas semillas. En el caso de los gérmenes, el contenido vitamínico aumenta por la acción de la luz, el agua y el calor. Tanto los brotes como los gérmenes se mantienen en el frigorífico durante un par de días. No obstante, los brotes frescos son los más ricos en vitaminas.

Ingredientes para 1 persona:

30 g de copos de soja

10 g de copos de arroz o

40 g de arroz integral cocido

50 g de pepino

2 champiñones frescos

20 g de brotes de soja frescos

150 g de yogur (1,5% mat. grasa)

1 cucharada de salsa de soja

1 cucharada de aritos de cebollino

Pimienta blanca recién molida

Sal

10 g de semillas de sésamo

Por persona, unos
930 kJ/220 kcal
11 g de proteínas · 8 g de grasas
27 g de hidratos de carbono
3 g de fibra · 0 mg de colesterol

Tiempo de preparación:
10 minutos

Ponga los copos de soja y los de arroz o el arroz integral en un recipiente. ● Pele y trocee el pepino. Lave los champiñones, límpielos si es necesario, séquelos y córtelos en tiras finas. Enjuague los brotes de soja con agua caliente en un colador y déjelos escurrir. Bata el yogur con la salsa de soja. Mézclelo con los champiñones, el pepino, los brotes, los copos y el cebollino. Condimente el müsli con pimienta y un poco de sal. ● Dore ligeramente las semillas de sésamo removiéndolas en una sartén seca y espárzalas sobre el müsli.

Nuestra sugerencia: El pepino que sobra puede utilizarlo para calmar el hambre entre comidas o comerlo en la oficina como refrigerio bajo en calorías. También puede emplear el champiñón restante para preparar la ensalada de puerro y brécol con champiñones y pechuga de pavo ahumada (receta en la página 92).

Mezclas de müsli como provisión

Bien cerradas, estas mezclas pueden conservarse 1-2 semanas

Müsli al horno
Al fondo de la foto

Ingredientes para 12 raciones:
200 g de copos de avena integrales
20 g de copos de germen de trigo
20 g de pepitas de girasol
20 g de pepitas de calabaza
10 g de semillas de sésamo
10 g de copos de coco
20 g de aceite de sésamo
30 g de miel · Aceite
1 cucharadita de esencia de vainilla · 20 g de pasas

Una ración de 30 g contiene unos:
530 kJ/130 kcal
4 g de proteínas · 6 g de grasas
15 g de hidratos de carbono
2 g de fibra · 0 mg de colesterol

Tiempo de preparación:
10 minutos
Tiempo de cocción: 30 minutos

Precaliente el horno a 190°.
● Mezcle los copos, las pepitas, las semillas de sésamo y los copos de coco. Mezcle el aceite con la miel y la vainilla en una sartén a fuego lento. Revuelva luego la mezcla anterior. ● Pincele con aceite una fuente refractaria y hornee la mezcla unos 30 minutos. ● Deje enfriar el müsli y mézclelo con las pasas.

Müsli con frutos secos
En primer plano de la foto

Ingredientes para 12 raciones:
100 g de copos de avena integrales · 20 g de nueces
50 g de copos de trigo integrales
30 g de copos de soja
20 g de copos de mijo y de germen de trigo
100 g de frutas secas mezcladas
20 g de almendras

Una ración de 30 g contiene unos:
410 kJ/98 kcal
4 g de proteínas · 3 g de grasas
14 g de hidratos de carbono
3 g de fibra · 0 mg de colesterol

Tiempo de preparación:
15 minutos

Mezcle los copos. ● Trocee las frutas secas. Machaque las nueces. Mézclelo todo.

Aguacates para untar

Una alternativa sana a la mantequilla y el embutido

Crema picante de aguacate
A la izquierda de la foto

Ingredientes para 4 personas:
1 aguacate maduro de 300 g
1 cucharada de zumo de limón
1 cucharada de coñac
1 cucharada de mostaza
1 cebolla pequeña
1 diente de ajo
$1/2$ manojo de cebolleta
$1/2$ manojo de perejil
$1/2$ cajita de berros
Un pepinillo
1 cucharada de alcaparras
Pimienta negra recién molida
Sal

Por persona, unos
540 kJ/130 kcal
2 g de proteínas · 12 g de grasas
2 g de hidratos de carbono
2 g de fibra · 0 mg de colesterol

Tiempo de preparación:
15 minutos

Corte el aguacate a lo largo alrededor del hueso. Gire las mitades en dirección contraria hasta que se desprendan. Extraiga el hueso. Desprenda la carne de la cáscara sirviéndose de una cucharita y rocíela enseguida para que no se ponga marrón. • Machaque la carne de la fruta con un tenedor y mézclela con el coñac y la mostaza. • Pele la cebolla y el ajo y píquelos groseramente. Lave el cebollino y el perejil y escúrralos. Corte el cebollino en aritos y pique el perejil groseramente. Corte los berros de la cajita con unas tijeras, enjuáguelos en un colador y déjelos escurrir o séquelos. Pique el pepinillo groseramente. Píquelo todo junto con las alcaparras en el robot, mézclelo con el puré de aguacate y condimente la crema con pimienta y un poco de sal.

Crema de aguacate con queso azul
A la derecha de la foto

Ingredientes para 4 personas:
200 g de carne de aguacate
1 cucharada de zumo de limón
50 g de queso azul semigraso
30 g de requesón magro
Pimienta blanca recién molida

Por persona, unos
620 kJ/150 kcal
5 g de proteínas · 14 g de grasas
4 g de hidratos de carbono
2 g de fibra · 6 mg de colesterol

Tiempo de preparación:
10 minutos

Rocíe la carne del aguacate con el zumo de limón y máchaquela con un tenedor. • Aplaste el queso y añádalo al aguacate junto con el requesón. Revuelva todo hasta que quede cremoso y condimente con pimienta.

Nuestra sugerencia: El aguacate es recogido estando inmaduro. Están maduros cuando la cáscara cede a una ligera presión de los dedos. Las frutas duras maduran dejándolas a temperatura ambiente. Los aguacates maduros tienen que consumirse enseguida. El aguacate contiene hasta un 30 por ciento de grasa, en la que descansa su contenido energético, 100 g de carne contienen 223 kcal. La grasa de aguacate tiene, sobre todo ácido oleico, un ácido graso monoinsaturado. Se piensa que contribuye a reducir el nivel de colesterol en la sangre. Con él baja sólo el colesterol LDL, malo, manteniéndose el «buen» colesterol HDL. El aguacate es también rico en vitaminas del grupo B y sustancias minerales. Hay que tener en cuenta su alto contenido en grasa.

Plátanos para untar

Los plátanos pueden adquirirse durante todo el año

Crema de plátano y yogur

Al fondo de la foto

Ingredientes para 4 personas:
200 g de plátano
2 cucharadas de zumo de limón
20 g de margarina vegetal de alto valor nutritivo
1 cucharadita de granos de mostaza
$1/4$ de cucharadita de pimienta de Cayena
20 g de copos de coco
300 g de yogur (1,5% mat. grasa)
1 pizca de sal
Edulcorante líquido

Por persona, unos
590 kJ/140 kcal
4 g de proteínas · 6 g de grasas
18 g de hidratos de carbono
3 g de fibra · 4 mg de colesterol

Tiempo de preparación:
15 minutos
Tiempo de refrigeración:
aproximadamente 1 hora

Reduzca a puré el plátano con el zumo de limón y resérvelo. • Derrita la margarina en una sartén pequeña. Esparza ahí los granos de mostaza y tuéstelos removiéndolos unos 2 minutos a fuego moderado. Tan pronto como dejen de saltar los granos de mostaza, espovoree con la pimienta de Cayena y tuéstela también unos instantes. Añada luego los copos de coco y tuéstelos unos instantes. • Eche el puré de plátano en la sartén, retire ésta del fuego y mézclelo todo rápidamente. • Bata el yogur hasta que esté cremoso e incorpórelo a la mezcla de plátano. • Condimente la crema con la sal y edulcorante. • Reparta la crema en cuatro platos y déjela reposar unos instantes para que se enfríe. Póngala a enfriar en el frigorífico.

Nuestra sugerencia: Prepare la crema de plátano y yogur el día anterior, así todo va más rápido en el desayuno. Unte la crema sobre el pan o cómala a cucharadas directamente del plato.

Crema de plátano y germen de trigo

En primer plano de la foto

Ingredientes para 4 personas:
60 g de copos de germen de trigo
200 g de plátano
1 cucharada de zumo de limón
1 pizca de canela
Edulcorante líquido

Por persona, unos
330 kJ/79 kcal
5 g de proteínas · 2 g de grasas
14 g de hidratos de carbono
3 g de fibra · 0 mg de colesterol

Tiempo de preparación:
10 minutos

Tueste ligeramente los copos de germen de trigo removiéndolos constantemente en una sartén sin grasa a fuego moderado. Retire la sartén del fuego y deje que se enfríen los copos. Entretanto, reduzca a puré los plátanos junto con el zumo de limón. • Bata los copos de germen de trigo con el puré de plátano hasta obtener una crema lisa. Condimente la crema con la canela y el edulcorante.

Información sobre los plátanos: Los plátanos no sólo convencen por su sabor, sino también por sus favorables propiedades fisiológico-nutritivas. Los plátanos carecen prácticamente de grasa y son, por tanto, pobres en calorías. Un plátano pequeño proporciona unas 80 calorías. Los plátanos carecen de colesterol, por lo que tienen también la propiedad de disminuir su nivel alto. Responsables de esto son las fibras solubles, particularmente la pectina. Los plátanos muy maduros son particularmente ricos en pectina. Además de todo esto, proporcionan las importantes vitaminas del grupo B (en especial, la vitamina B_6), así como las sustancias minerales, potasio y magnesio.

Cremas saladas para untar a base de berenjena

Las berenjenas tienen que hornearse previamente

Pinche las berenjenas y póngalas en una fuente refractaria, cúbralas con papel de horno o papel de aluminio (para evitar que salpiquen) y métalas durante unos 50 minutos en el horno a 200° (nivel de gas 3-4). Quíteles la piel y deje enfriar la carne de las berenjenas.

Crema sencilla de berenjena
A la izquierda de la foto

Ingredientes para 4 personas:
1 berenjena horneada
2 panecillos integrales
1 diente de ajo
1 cucharada de zumo de limón
Sal
Pimienta blanca
4 cucharadas de perejil picado

Por persona, unos
300 kJ/71 kcal
3 g de proteínas · 1 g de grasas
14 g de hidratos de carbono
2 g de fibra · 0 mg de colesterol

Tiempo de prehorneado: 1 hora
Tiempo de preparación:
15 minutos

Hornee la berenjena como se describe antes. Pélela luego y deje enfriar la carne. • Corte los panecillos en rebanadas y remójelos en agua. • Pele el diente de ajo y páselo por el prensa ajos. • Haga puré la carne de la berenjena o píquela con el cuchillo y macháquela con el tenedor. • Exprima bien los panecillos, añádalos y revuélvalos con el puré. Incorpore el zumo de limón y el ajo y mézclelo todo bien. • Condimente la pasta con un poco de sal y pimienta. Aderécela con el perejil. La pasta de berenjena combina bien con pan de sésamo, biscotes de sésamo, pan integral tostado de barra, al que se le unta previamente un diente de ajo, así como con pan o panecillos integrales.

Crema de berenjena con puré de sésamo
A la derecha de la foto

Ingredientes para 4 personas:
1 berenjena horneada
2 panecillos integrales
20 g de pasta de sésamo
(2 cucharadas)
1 cucharada de zumo de limón
2 dientes de ajo · sal
Pimienta blanca
10 g de alcaparras

Por persona, unos
410 kJ/98 kcal
4 g de proteínas · 3 g de grasas
14 g de hidratos de carbono
2 g de fibra · 0 mg de colesterol

Tiempo de prehorneado: 1 hora
Tiempo de preparación:
15 minutos

Hornee la berenjena como se ha descrito. Pélela luego y deje enfriar la carne. • Corte los panecillos en rebanadas y remójelos en agua. • Reduzca a puré la carne de la berenjena con la batidora o píquela con el cuchillo y macháquela con el tenedor. Añada la pasta de sésamo y el zumo de limón. Pele los dientes de ajo y páselos por el prensa ajos. Mezcle bien el puré de berenjenas con todos los ingredientes. Condimente la pasta con sal y pimienta. Distribúyala en platos y guarnezca con alcaparras.

Información sobre las berenjenas: Las berenjenas son muy nutritivas y tienen múltiples aplicaciones. En algunos países también se llama a la berenjena la «carne de los vegetarianos». Carece de grasa y de colesterol, teniendo, por el contrario, fibras con capacidad de absorción que pueden contribuir a reducir los altos valores de grasa en la sangre. Por si esto fuera poco, sólo tiene unas pocas calorías. En 100 g de berenjena hay unas 20 kcal.

Copos de avena para untar

Una sana alternativa a los productos usuales para untar en el pan

Crema de avena y nueces

A la izquierda de la foto

Ingredientes para 4 personas:
75 g de copos integrales
de avena
60 cc de agua
40 g de cebolla
30 g de nueces
10 g de aceite de nueces
5 g de tomate concentrado
10 g de mostaza
1 cucharadita de caldo
de verduras instantáneo
30 g de margarina semigrasa
1 cucharadita de zumo de limón

Por persona, unos
730 kJ/170 kcal
4 g de proteínas · 12 g de grasas
13 g de hidratos de carbono
2 g de fibra · 0 mg de colesterol

Tiempo de preparación:
15 minutos

P onga los copos de avena en una fuente, cúbralos con el agua y déjelos remojar unos 5 mi-nutos. ● Pele la cebolla y píquela en trozos muy finos. Pique las nueces también muy finamente. ● Añada a los copos de avena la cebolla, el aceite de nueces, el to-mate concentrado, la mostaza, el caldo, las avellanas, la margarina semigrasa y el zumo de limón. Bata todo hasta que se forme una crema y reparta ésta en platitos.

Información sobre el salvado de avena: Los copos de avena inte-grales, y en particular el salvado de avena, contienen abundante canti-dad de fibra con capacidad de ab-sorción (pectina), que contribuyen a disminuir el nivel de colesterol. Este efecto reductor se basa en las propiedades que tienen las fibras de ligar ácidos biliares. De este modo, disminuye la formación de colesterol LDL en el hígado. El co-lesterol protector HDL permanece inmodificado. El salvado de avena contiene vitamina B_1. El salvado de trigo carece de efecto reductor del colesterol, siendo rico en fibras insolubles (celulosa), que ayudan contra el estreñimiento.

Crema de avena y chocolate

A la derecha de la foto

Ingredientes para 4 personas:
40 g de copos de avena
integrales o salvado
de avena con germen
10 g de harina de soja, desgrasada
10 g de cacao en polvo
desgrasado
5 g de copos de germen de trigo
1 pizca de canela
40 cc de agua
$1/2$ cucharadita de extracto
de vainilla
45 g de miel
60 g de margarina semigrasa
Edulcorante líquido

Por persona, unos
620 kJ/150 kcal
4 g de proteínas · 7 g de grasas
16 g de hidratos de carbono
2 g de fibra · 1 mg de colesterol

Tiempo de preparación:
15 minutos
Tiempo de reposo: una noche

M uela finamente los copos de avena. ● En una fuente, mezcle la harina de copos de ave-na o el salvado de avena con la harina de soja, el cacao en polvo, los copos de germen de trigo y la canela. ● Caliente el agua con la vainilla, deslía la miel y viértalo todo en la fuente. Añada la mar-garina semigrasa y revuélvalo todo bien. ● Endulce un poco y deje que la crema adquiera con-sistencia metiéndola en el frigo-rífico.

Nuestra sugerencia: La crema de avena y chocolate constituye una sana alternativa a las cremas de chocolate y avellana para untar que suelen encontrarse en las tiendas. Esta crema puede prepa-rarse en grandes cantidades para tener de reserva. No tiene más que tomar el doble de las cantida-des indicadas para los ingredien-tes. Guarde la crema en un tarro con tapa de rosca.

Cremas de soja para untar

La crema de soja puede adquirirse en las tiendas de productos dietéticos

Crema de soja y cacahuete
A la izquierda de la foto

Ingredientes para 4 personas:
80 g de crema de soja neutra
40 g de crema de cacahuete
sin endulzar ni sazonar
60 g de requesón magro
45 g de miel o 1 cucharadita
de edulcorante líquido
1 cucharadita de zumo de limón

Por persona, unos
440 kJ/100 kcal
3 g de proteínas · 5 g de grasas
11 g de hidratos de carbono
0 g de fibra · 0 mg de colesterol

Tiempo de preparación:
10 minutos

E che la crema de soja en un cuenco para batir. Añada la crema de cacahuete, el requesón y la miel o el edulcorante. Bátalo todo con la batidora eléctrica hasta obtener una crema lisa. Condimente la crema de soja y ca-

cahuete con el zumo de limón. Combina bien con pan integral para tostada o con biscotes integrales con fibra.

Crema de soja y pepitas de girasol
A la derecha de la foto

Ingredientes para 4 personas:
50 g de pepitas de girasol
30 g de aceitunas negras
1 diente de ajo
10 g de alcaparras
50 g de crema de soja neutra
100 g de requesón magro
1 cucharadita de vinagre de vino

Por persona, unos
520 kJ/120 kcal
7 g de proteínas · 9 g de grasas
3 g de hidratos de carbono
1 g de fibra · 0 mg de colesterol

Tiempo de preparación:
35 minutos

P recaliente el horno a 170° (nivel de gas 3). • Esparza las pepitas de girasol sobre la bandeja de horno y métalas en el centro de 15-17 minutos, removiéndolas de vez en cuando hasta que se doren ligeramente. • Mientras, deshuese las aceitunas y píquelas groseramente. Pele el ajo. Reduzca a puré ambos en el robot de cocina, añadiendo las alcaparras y la crema de soja. • Saque las pepitas de girasol del horno y déjelas enfriar. • Bata bien el puré con el requesón magro. • Muela finamente las pepitas de girasol e incorpórelas a la masa de crema de soja. Condimente ésta, por último, con el vinagre. Con esto combina un sustancioso pan integral de centeno o de trigo.

Información sobre la crema de soja: La crema de soja tiene un sabor neutro y puede emplearse en sustitución del yogur o la crema de leche fresca. La crema de soja contiene las proteínas vegetales de las judías de soja, espe-

cialmente valiosas. Los estudios científicos al respecto ponen de manifiesto que las proteínas de soja reducen el colesterol y tienen propiedades preventivas con respecto a la arteriosclerosis. Este efecto descansa, probablemente, en la especial composición de la proteína de soja, cuyos elementos principales, los aminoácidos individuales, se encuentran en una proporción determinada. A esto hay que añadir que la crema de soja carece de colesterol y apenas contiene grasa. También es muy bajo su contenido energético, estando aproximadamente en 51 kcal/100 gramos.

Tofu para untar

El tofu constituye un sustituto ideal de los productos lácteos

Crema de tofu y hierbas
A la derecha de la foto

Ingredientes para 4 personas:
250 g de tofu
30 g de crema de soja neutra
1 cucharada de zumo de limón
30 g de cebolla
1 diente de ajo
$1/2$ manojo de perejil
$1/2$ manojo de cebollino
$1/2$ cucharadita
de pimentón dulce
Pimienta blanca recién molida
Sal

Por persona, unos
250 kJ/60 kcal
5 g de proteínas · 3 g de grasas
4 g de hidratos de carbono
1 g de fibra · 0 mg de colesterol

Tiempo de preparación:
15 minutos

Deje escurrir el tofu, luego redúzcalo a puré en el robot de cocina junto con la crema de soja y el zumo de limón. • Pele la cebolla y el ajo. Pique el cebollino muy finamente y pase el ajo por el prensa ajos. Lave el perejil y el cebollino y escúrralos. Pique finamente el perejil y corte en aritos el cebollino. • Mezcle con el puré de tofu la cebolla, el ajo y las hierbas. • Condimente la crema con el pimentón, la pimienta y un poco de sal.

Crema de tofu y frutas
A la izquierda de la foto

Ingredientes para 4 personas:
250 g de tofu cremoso
40 g de zumo de manzana
50 g de manzana
50 g de plátano
2 cucharadas de zumo de limón
$1/2$ cucharadita de curry
en polvo
10 g de semillas de sésamo

Por persona, unos
380 kJ/90 kcal
4 g de proteínas · 3 g de grasas
12 g de hidratos de carbono
1 g de fibra · 0 mg de colesterol

Tiempo de preparación:
15 minutos

Bata el tofu con el zumo de manzana hasta que quede cremoso. • Lave la manzana, quítele el corazón y rállela groseramente. Machaque el plátano. Bata ambos con el zumo de limón y el curry e incorpore esto a la crema de tofu. • Tueste ligeramente las semillas de sésamo removiéndolas en una sartén sin grasa. Déjelas enfriar un poco. • Aderece con las semillas de sésamo la crema de tofu y frutas. Combina bien con pan integral para tostada o con biscotes.

Nuestra sugerencia: El tofu es un producto fresco, por lo que su conservabilidad está limitada. Para conservar fresco el tofu comprado sin empaquetar, hay que ponerlo enseguida en agua. La superficie tiene que estar cubierta. El agua hay que renovarla diariamente. En la nevera, el tofu se conserva fresco aproximadamente una semana. El tofu también puede comprarse envasado al vacío. Así tiene una conservabilidad de unos 14 días. Cuando abra el paquete, proceda de la misma manera que con el tofu comprado sin empaquetar. Compre sólo pequeñas cantidades.

Información sobre el tofu: El tofu o queso de soja se elabora a partir de leche de soja y constituye una fuente particularmente buena de proteínas de soja de alto valor nutritivo. El tofu carece de colesterol y contiene poca grasa (vegetal) y energía. El tofu proporciona únicamente 106 kcal por cada 100 g. Igualmente digno de consideración es el contenido en vitaminas de grupo B, vitamina E, así como las sustancias minerales calcio, fósforo y hierro.

Platos de verduras y cereales

Platos de cereales, risotto de verduras, patatas al curry, champiñones rellenos, hamburguesas de cereales y verduras, calabacín con relleno de cebada perlada y nueces, sartén de setas y espinacas, son tan sólo algunos de los platos que les vamos a presentar en las páginas que siguen. Seguro que al ir pasando las páginas del libro, irá sintiéndose inspirado para realizar las recetas. Pruebe los espaguetis integrales con verduras a la provenzal (receta en la página 58) que aparecen fotografiados aquí. No es sólo que estas recetas sean sanas, también saben estupendamente. Si usted desea llevar más variedad a la mesa, además de alimentos integrales, en este capítulo encontrará recetas básicas de arroz integral y cereales con variantes. ¡Pruebe y disfrute!

Guiso de cebada perlada y guisantes con cebolla tostada

También sin carne saben estupendamente

Ingredientes para 4 personas:
200 g de cebada perlada
$^{1}/_{2}$ l de agua
200 g de guisantes secos
400 cc de agua
100 g de cebolla
20 g de aceite de pepitas
de calabaza o aceite vegetal
de alto valor nutritivo
20 g de pepitas de calabaza
1 cucharadita de sal
4 pepinillos en vinagre

Por persona, unos
1700 kJ/400 kcal
18 g de proteínas · 8 g de grasas
65 g de hidratos de carbono
7 g de fibra · 0 mg de colesterol

Tiempo de remojo: 4 horas
Tiempo de preparación:
40 minutos

Lave la cebada perlada en un colador bajo el agua corriente. Eche el agua en una olla y deje remojar la cebada perlada un mínimo de 4 horas o toda la noche. • Lave igualmente los guisantes en un colador bajo el agua corriente. Eche el agua en una segunda olla y remoje los guisantes igualmente unas 4 horas. • Ponga a hervir la cebada y los guisantes con sus respectivas aguas de maceración. Cueza la cebada durante unos 30 minutos y los guisantes unos 25 minutos, ambos a fuego lento. • Entretanto, pele la cebolla y trocéela. Caliente el aceite en una sartén pequeña, tueste ahí los trozos de cebolla y las pepitas de calabaza, removiéndolos a fuego lento. • Mezcle la cebada con los guisantes (escurra previamente el líquido de la cocción que pudieran contener). Sazone la mezcla de cebada y guisantes, sírvala en platos y guarnézcala con la cebolla y las pepitas de calabaza tostadas. • Si lo desea puede mezclar la cebolla y las pepitas de calabaza con la cebada y los guisantes. Este sustancioso plato va bien con unos pepinillos en vinagre.

Nuestra sugerencia: La combinación de cebada perlada y guisantes contiene proteínas vegetales de mayor valor biológico que las proteínas animales.

Sustanciosos platos de lentejas

Ricos en fibra y vitamina B

Guiso de lentejas
A la izquierda de la foto

Ingredientes para 4 personas:
200 g de lentejas marrones
1 l de agua
150 g de verduras para sopa
400 g de patatas
200 g de cebollas
200 g de puerro
2 cucharaditas de vinagre
1 cucharadita de extracto
de levadura
1 cucharadita de hojitas
de tomillo frescas
1 cucharadita de hojitas
de mejorana frescas
(reemplazables por hierbas secas)
Pimienta negra recién molida
Sal
$^1/_2$ manojo de perejil
100 g de crema de leche agria
(10% mat. grasa)

Por persona, unos
1300 kJ/310 kcal
17 g de proteínas · 4 g de grasas
49 g de hidratos de carbono
12 g de fibra · 8 mg de colesterol

Tiempo de remojo: 2-3 horas
Tiempo de preparación:
50 minutos

Ponga a remojar las lentejas en agua 2-3 horas o durante la noche. Ponga a hervir las lentejas en el agua de remojo y deje que se cuezan luego tapadas y a fuego lento unos 50 minutos. • Limpie las verduras para sopa, lávelas, córtelas groseramente y, transcurridos los primeros 10 minutos, añádalas a las lentejas. • Pele y trocee las patatas y las zanahorias. Agregue ambas a las lentejas a los 20 minutos, aproximadamente. • Prepare el puerro, lávelo a fondo y córtelo en rodajas. • A los 30 minutos más o menos, incorpore el puerro, el vinagre, el extracto de levadura, el tomillo y la mejorana. Condimente las lentejas con pimienta y un poco de sal y repártalas en cuatro platos hondos. • Lave el perejil, escúrralo y píquelo finamente. • Guarnezca cada plato de lentejas con 1 cucharada de crema agria y el perejil.

Arroz integral con lentejas
A la derecha de la foto

Ingredientes para 4 personas:
100 g de lentejas marrones
$^1/_2$ l de agua
1 hoja de laurel
200 g de arroz integral
$^1/_2$ l de caldo de verduras
80 g de cebolla
10 g de margarina vegetal
de alto valor nutritivo
100 g de queso Edam
200 g de requesón magro
20 g de aceite de pepitas
de calabaza
2 cucharadas de vinagre
Sal · 2 guindillas
20 g de pepitas de calabaza

Por persona, unos
1900 kJ/450 kcal
25 g de proteínas · 16 g de grasas
54 g de hidratos de carbono
6 g de fibra · 14 mg de colesterol

Tiempo de remojo: 3 horas
Tiempo de preparación: 1 hora

Tiempo de horneado: 45 minutos

Ponga a remojar las lentejas en agua unas 3 horas. • Póngalas a cocer en el agua de remojo con la hoja de laurel y cuando rompa a hervir, déjelas cocer unos 30 minutos. • Eche el arroz en el caldo y cuando rompa a hervir, déjelo cocer unos 35 minutos. Dado el caso, ¡respete los tiempos de cocción indicados en el paquete! • Trocee la cebolla. Quite a las guindillas el rabillo y las semillas y córtelas en aros. Ponga a calentar la margarina y rehogue en ella ambas cosas durante 3-5 minutos. • Ralle el queso, revuélvalo con el requesón, el vinagre y un poco de sal. Ponga a calentar el horno a 200° (nivel de gas 3). • Mezcle el arroz con las lentejas, los trozos de cebolla y las guindillas y échelo todo en una fuente de gratinar. Distribuya por encima la mezcla de requesón y hornee unos 45 minutos. • A los 30 minutos, esparza las pepitas de calabaza por encima de la fuente y acabe de hornear.

Judías secas gratinadas

Cueza las judías secas en el agua de remojo, pues ahí se encuentran muchas sustancias nutritivas

Ingredientes para 4 personas:
200 g de judías secas blancas
1 l de agua
100 g de puerro
300 g de cebolla
1 cucharada de extracto de levadura o 2 pastillas de caldo de levadura
2 hojas de laurel
400 g de tomates
2 dientes de ajo
20 g de aceite vegetal de alto valor nutritivo
1 cucharadita de hojitas de tomillo frescas
$1/2$ cucharadita de tomillo seco
Pimienta negra recién molida
100 cc de vino blanco seco
Sal
Para gratinar:
40 g de queso Edam

Por persona, unos
1200 kJ/290 kcal
17 g de proteínas · 8 g de grasas
34 g de hidratos de carbono
14 g de fibra · 5 mg de colesterol

Tiempo de remojo: 12 horas
Tiempo de preparación:
1 $1/4$ horas

Ponga a remojar las judías en el agua toda la noche. ● Limpie el puerro, lávelo y córtelo en rodajas. Pele las cebollas y trocéelas. Añada a las judías el puerro y 100 g de cebolla. Ponga a hervir las judías con las verduras en el agua de remojo. Añada el extracto de levadura y las hojas de laurel y deje cocer todo tapado y a fuego lento durante 60-70 minutos. Escalde los tomates sumergiéndolos brevemente en agua hirviendo, pélelos y cuartéelos. Pele los dientes de ajo. ● Caliente el aceite y rehogue la cebolla restante hasta que esté transparente. Añada los cuartos de tomate, incorpore el ajo pasándolo por el prensa ajos y rehóguelo todo otros 3-5 minutos. Incorpore el tomillo y la pimienta y vierta el vino blanco. Deje cocer todo unos 5 minutos. Mezcle las alubias y los tomates y sazone un poco. Ralle el queso. ● Eche la mezcla de tomates y judías en una fuente refractaria, esparza el queso por encima y gratine bajo el grill.

Variaciones de arroz con verduras

Estos platos también están buenos con mijo y alforfón

Sartén de verduras y arroz silvestre
A la izquierda de la foto

Ingredientes para 4 personas:
40 g de arroz silvestre
200 g de arroz de grano largo
100 g de puerro
250 g de tallo de apio
200 g de zanahorias
300 g de calabacín
1 frasco pequeño de brotes de bambú
100 g de brotes de soja
1 diente de ajo
20 g de jengibre fresco
40 g de aceite de cacahuete
100 cc de agua
3 cucharadas de salsa de soja
Edulcorante líquido
Pimienta

Por persona, unos
1500 kJ/360 kcal
10 g de proteínas · 12 g de grasas
52 g de hidratos de carbono
5 g de fibra · 0 mg de colesterol

Tiempo de remojo: 1 hora
Tiempo de preparación: 1 hora

Remoje el arroz silvestre poniéndolo aproximadamente 1 hora en abundante agua. Escurra el agua y cueza el arroz silvestre y el de grano largo 20 minutos en $^1/_2$ l de agua hirviendo, ligeramente sazonada. • Limpie el puerro, lávelo y córtelo en aros. Limpie el apio, lávelo y córtelo en tiritas. Pele las zanahorias, córtelas en trozos y éstos a su vez en tiritas. Quítele los extremos al calabacín, lávelo y córtelo de la misma forma. • Ponga a escurrir los brotes de bambú y córtelos en tiras finas. • Lave los brotes de soja y escúrralos. • Pele el ajo. Pele el jengibre y rállelo. • Caliente el aceite. Añada el ajo pasándolo por el prensa ajos y rehóguelo junto con el jengibre hasta que quede transparente. • Añada el puerro, el apio y la zanahoria y fríalos a fuego vivo unos 4 minutos. • Incorpore el calabacín y el arroz y fríalo todo unos 3 minutos. • Agregue el agua y deje cocer 5 minutos. • Incorpore los brotes de bambú y de soja y prosiga la cocción otros 3 minutos. Condimente con la salsa de soja, el edulcorante y la pimienta.

Risotto de verduras
A la derecha de la foto

Ingredientes para 4 personas:
150 g de cebollas o puerro
200 g de champiñones
4 hojas de salvia
20 g de crema vegetal dietética
300 g de arroz integral
1 l de caldo de verduras
250 g de tomates
300 g de guisantes congelados
40 g de queso parmesano rallado
Pimienta negra recién rallada
Sal

Por persona, unos
1800 kJ/430 kcal
18 g de proteínas · 10 g de grasas
69 g de hidratos de carbono
6 g de fibra · 7 mg de colesterol

Tiempo de preparación:
1 $^1/_4$ horas

Limpie las cebollas y córtelas en aros. • Lave los champiñones, límpielos y córtelos en rebanaditas. • Lave la salvia, escúrrala y píquela. • Caliente la crema vegetal, rehogue en ella brevemente las verduras y el arroz. Incorpore el caldo y deje que dé un hervor. Deje cocer luego unos 45 minutos con el recipiente tapado y a fuego lento. • Entretanto, lave los tomates y córtelos en octavos • Incorpore los tomates y los guisantes al arroz y cuézalo todo otros 5 minutos. • Agregue el queso parmesano y condimente con sal y pimienta.

Platos a base de patata finamente condimentada

La cúrcuma y el cilantro proporcionan en toque refinado

Coliflor y patatas al curry

A la izquierda de la foto

Ingredientes para 4 personas:
250 g de patatas
1 coliflor grande (800 g)
100 g de cebolla
1 diente de ajo
40 g de aceite vegetal de alto valor nutritivo
1 cucharadita de granos de mostaza
1 cucharadita de cúrcuma
1 cucharadita de comino molido
1 cucharadita de cilantro molido
$^{1}/_{4}$ de cucharadita de pimienta de Cayena
$^{1}/_{2}$ l de agua
Sal · 80 g de tomate
2 cucharadas de zumo de limón

Por persona, unos
790 kJ/190 kcal
7 g de proteínas · 11 g de grasas
18 g de hidratos de carbono
9 g de fibra · 0 mg de colesterol

Tiempo de preparación:
50 minutos

Lave las patatas, cúbralas con un poco de agua y cuézalas 10-12 minutos. Separe la coliflor en ramitas. Pele las cebollas y el ajo. Corte la cebollas por la mitad a lo largo y luego córtelas en tiras. Escurra las patatas y déjelas enfriar. • Caliente el aceite a fuego moderado, esparza ahí los granos de mostaza y tuéstelos durante 1-2 minutos. Cuando dejen de saltar, añada la cúrcuma, el comino, el cilantro, la pimienta de Cayena y la cebolla. Pase el ajo por el prensa ajos. Sofríalo todo a fuego moderado y removiendo. Añada la coliflor y rehóguela también unos 5 minutos. Mezcle el agua con la sal y viértala sobre la coliflor. Deje cocer el curry tapado durante 5 minutos y a fuego lento. • Monde las patatas, trocéelas, añádalas a la coliflor y déjelo cocer todo otros 10 minutos. • Lave los tomates, trocéelos y agréguelos al curry con el zumo de limón. Deje que se espese todo cociéndolo unos instantes a fuego moderado.

Patatas y guisantes al curry

A la derecha de la foto

Ingredientes para 4 personas:
1 kg de patatas harinosas
30 g de margarina vegetal de alto valor nutritivo
1 cucharadita de comino
$^{1}/_{2}$ cucharadita de mostaza en polvo
1 cucharadita de cúrcuma
$^{1}/_{2}$ cucharadita de pimienta de Cayena
$^{1}/_{2}$ l de agua
Sal
100 g de guisantes
250 g de yogur (1,5% mat. grasa)
$^{1}/_{2}$ cucharadita de curry

Por persona, unos
1200 kJ/290 kcal
9 g de proteínas · 7 g de grasas
45 g de hidratos de carbono
6 g de fibra · 0 mg de colesterol

Tiempo de preparación:
50 minutos

Pele las patatas y córtelas en trozos de igual tamaño. Caliente la margarina. Añada el comino, la mostaza en polvo y la pimienta de Cayena y remuévalo todo al fuego 2-3 minutos. Añada las patatas, revuélvalas y voltéelas hasta que estén homogéneamente cubiertas por los condimentos. Tueste las patatas a fuego moderado unos 10 minutos. Mezcle el agua con la sal y viértala sobre las patatas. Deje cocer las patatas unos 20 minutos, removiendo de vez en cuando. Añada los guisantes 10 minutos antes de finalizar el tiempo de cocción. • Bata el yogur con el curry e incorpórelo a las patatas, prosiga la cocción 5 minutos. Sirva el curry caliente y acompañado con una ensalada de lechuga.

Patatas en cazuela y sartén

Las patatas son ricas en sustancias minerales

Patatas guisadas en cazuela de terracota
Al fondo de la foto

Ingredientes para 4 personas:
800 g de patatas
400 g de cebollas
40 g de aceite de girasol
u otro aceite vegetal de alto
valor nutritivo
1 cucharadita de pimentón
picante
$1/2$ cucharadita de comino
$1/4$ de cucharadita de mejorana
Sal
$1/2$ l de caldo de verduras

Por persona, unos
1100 kJ/260 kcal
6 g de proteínas · 11 g de grasas
37 g de hidratos de carbono
8 g de fibra · 1 mg de colesterol

Tiempo de preparación:
30 minutos
Tiempo de horneado: 50 minutos

Ponga a remojar una cazuela de terracota unos 15 minutos. Entretanto, pele las patatas, lávelas y córtelas en rodajitas finas. Pele las cebollas, córtelas por la mitad y luego en tiras. Caliente el aceite en una sartén y dore las cebollas ligeramente. Saque la cazuela de terracota del agua. Eche en ella la cebolla. Mezcle las patatas con el pimentón, el comino, la mejorana y un poco de sal y échelo todo en la cazuela. Vierta el caldo sobre las patatas. Ponga la cazuela tapada sobre la rejilla del horno y métala en el nivel inferior del horno frío. Hornee el guiso de patatas a 200º (nivel de gas 4) unos 50 minutos. Si lo hace en un horno de gas, vaya aumentando la temperatura gradualmente. Sirva el guiso con pan integral.

Tortilla de patatas ralladas con salvado de avena
En primer plano de la foto

Ingredientes para 4 personas:
800 g de patatas
1 cebolla mediana
2 cucharadas de medida de
extracto de huevo dietético
2 cucharadas de agua
3 cucharadas de salvado de
avena con germen
reemplazable por copos
integrales de avena molidos
1 pizca de nuez moscada
Sal
Para la sartén:
2 unidades de papel para freír

Por persona, unos
750 kJ/180 kcal
6 g de proteínas · 1 g de grasas
37 g de hidratos de carbono
7 g de fibra · 0 mg de colesterol

Tiempo de preparación:
20 minutos
Tiempo de cocción: 40 minutos

Pele las patatas, lávelas, rállelas groseramente y déjelas escurrir en un colador. Pele la cebolla y rállela también. Bata el extracto de huevo dietético con el agua y déjelo reposar unos 5 minutos. • Revuelva la patata con la cebolla, el extracto de huevo y el salvado de avena, condimente con la nuez moscada y un poco de sal. Deje reposar la masa unos 5 minutos. • Cubra dos sartenes grandes con el papel para freír y distribuya en cada una la cuarta parte de la masa de patatas, procurando que quede plana. Dore las tortillas a fuego mediano, voltéelas luego y termine de freírlas a fuego lento. Mantenga calientes las tortillas hasta que estén listas las otras dos. Sírvalas luego con puré de manzana o ensalada.

Champiñones rellenos sobre arroz con cebolla

Con una ensalada, es una comida que sacia el apetito

Ingredientes para 4 personas:
200 g de cebollas
20 g de crema vegetal dietética
200 g de arroz de grano alargado
$^1/_2$ l de caldo de verduras
8 champiñones blancos grandes
Pimienta
Sal
1 diente de ajo
10 g de aceite de oliva
10 g de tomate concentrado
1 cucharadita de zumo de limón
1 cucharada de pan integral
rallado o 1 rebanada de
biscote integral desmenuzada
Para el molde: aceite de oliva

Por persona, unos
1300 kJ/310 kcal
9 g de proteínas · 11 g de grasas
43 g de hidratos de carbono
6 g de fibra · 0 mg de colesterol

Tiempo de preparación:
45 minutos
Tiempo de cocción: 20 minutos

Ponga a calentar el horno a 200° (nivel 3-4). Pele las cebollas, corte 150 g en aros y trocee el resto. Caliente la crema vegetal y sofría los aros de cebolla hasta que estén transparentes. Añada el arroz y el caldo. Cuézalo todo tapado unos 8 minutos a fuego lento. • Lave los champiñones y séquelos. Desprenda los tallos y resérvelos. • Pincele con aceite una fuente refractaria. Disponga los sombreros de champiñón en la fuente con el lado hueco hacia arriba. Condimente con pimienta y un poco de sal y meta la fuente en el horno (centro) unos 5 minutos. • Entretanto, pique finamente los tallos de champiñón. Pele el diente de ajo y páselo por el prensa ajos. Caliente el aceite de oliva y rehogue en él los trocitos de cebolla hasta que estén transparentes. Añada los tallos y sofríalos a fuego vivo. Revuelva ahí el tomate concentrado y el ajo. Condimente con pimienta, un poco de sal y el zumo de limón. • Rellene con esto los sombreros de champiñón y esparza el pan rallado por encima. Eche el arroz con cebolla en la fuente, disponga los champiñones por encima y métalos en centro del horno a 200° (nivel de gas 3-4) durante 15 minutos.

Hamburguesas a base de cereales y verduras

Servidas con una ensalada de verduras crudas constituyen una comida que sacia el apetito

Hamburguesas de mijo y repollo con salsa de tofu y hierbas

A la izquierda de la foto

Ingredientes para 4 personas:
80 g de mijo
160 g de caldo de verduras
250 g de repollo
1 cucharada de extracto de huevo dietético
2 cucharadas de agua
2 cucharadas de salsa de soja
5 g de pasta de sésamo
1 cucharadita de mostaza
2 cucharadas de aritos de cebolla
Comino
Pimienta
Sal
2 unidades de papel para freír
250 g de tofu cremoso
20 g de aceite vegetal de alto valor nutritivo
2 cucharadas de vinagre
1/2 cucharadita de raiforte
2 cucharadas de hierbas picadas
1 diente de ajo machacado

Por persona, unos
750 kJ/180 kcal
7 g de proteínas· 9 g de grasas
17 g de hidratos de carbono
4 g de fibra · 0 mg de colesterol

Tiempo de preparación: 1 hora
Tiempo de cocción: 20 minutos

Ponga a hervir el mijo con el caldo 15 minutos para que se hinche. Póngalo a enfriar. • Limpie el repollo, córtelo en tiras finas. • Bata el extracto de huevo con el agua y la salsa de soja y déjelo reposar 5 minutos. • Amase el mijo con el repollo, el extracto de huevo, la pasta de sésamo y mostaza. Machaque el ajo e incorpórelo a la mezcla. Mezcle con el cebollino, el comino, la pimienta y un poco de sal. • Recubra dos sartenes con el papel para freír. • Haga 8 hamburguesas y fríalas a fuego moderado, déles la vuelta y termine de freírlas a fuego lento. Bata el tofu con el aceite, el vinagre, la mostaza, el raiforte, las hierbas, la pimienta y un poco de sal y mézclelo todo.

Hamburguesas de espelta verde con pepino y salsa de cacahuetes

A la derecha de la foto

Ingredientes para 4 personas:
100 g de cebollas
10 g de aceite vegetal
150 g de harina gruesa de espelta verde · Ajo en polvo
350 cc de caldo de verduras
100 g de zanahorias
150 g de puerro
20 g de pepitas de girasol
1 manojo de perejil · Sal
2 cucharadas de extracto de huevo dietético · Pimienta
2 cucharadas de pan integral rallado · Edulcorante líquido
150 g de crema de soja neutra
20 g de pasta de cacahuetes sin endulzar · 800 g de pepinos
2 cucharadas de zumo de limón

Por persona, unos
1300 kJ/310 kcal
12 g de proteínas · 10 g de grasas
40 g de hidratos de carbono
6 g de fibra · 0 mg de colesterol

Tiempo de preparación: 1 hora
Tiempo de cocción: 40 minutos

Trocee la cebolla. Caliente el aceite y sofría la cebolla. Sofría ahí la harina gruesa. Vierta el caldo. Deje que la harina se hinche a fuego lento durante 20 minutos. • Ralle las zanahorias. Corte el puerro en tiras. Añada ambos al recipiente. • Tueste la pepitas de girasol. Pique el perejil. • Bata el extracto de huevo en agua. • Amase la harina gruesa con las pepitas, el extracto de huevo, el pan rallado y el perejil. Condimente con pimienta y un poco de sal. • Precaliente el horno a 200°. • Haga 8 hamburguesas, colóquelas en una placa y meta ésta en el horno (abajo) durante 20 minutos. Déles la vuelta y termine de hornearlas. • Bata la crema de soja, el puré de cacahuetes, el zumo de limón, la pimienta, el ajo, un poco de sal y edulcorante con el pepino.

Calabacines y berenjenas: apreciadas verduras

La estación de ambas verduras se extiende de mayo a octubre

Guiso de berenjenas al horno
A la izquierda de la foto

Ingredientes para 4 personas:
500 g de berenjenas
300 g de tomates
200 g de pimientos verdes
100 g de cebollas
1 diente de ajo
40 g de aceite de oliva
Pimentón dulce en polvo
Sal
100 cc de agua
1 cucharada de perejil

Por persona, unos
620 kJ/150 kcal
3 g de proteínas · 11 g de grasas
10 g de hidratos de carbono
5 g de fibra · 0 mg de colesterol

Tiempo de preparación:
15 minutos
Tiempo de cocción: 40 minutos

Lave las berenjenas y los tomates, quíteles el rabillo y la parte dura del centro. Corte las verduras en rodajas de aproximadamente 1 cm de grosor. Corte el extremo superior de los pimientos y quíteles las pepitas. Córtelos en aros. Pique las cebollas. Pase el ajo por el prensa ajos. • Precaliente el horno a 200° (nivel de gas 4). • Eche la cebolla en una cazuela refractaria, disponga sobre ella una capa de berenjenas, luego una de aros de pimiento y, por último, las rodajas de tomate. • Mezcle el aceite, el ajo, el pimentón en polvo, un poco de sal y el agua y vierta la mezcla sobre la olla de verduras. Tápe con papel de aluminio y meta la cazuela en la parte inferior del horno unos 40 minutos. Aderece con perejil.

Nuestra sugerencia: El sabor y el aroma son particularmente intensos si se prepara este plato en una cazuela de barro. En este caso, la preparación se alarga unos 20 minutos.

Calabacín con relleno de cebada perlada y nueces
A la derecha de la foto

Ingredientes para 4 personas:
200 g de cebada perlada
$1/2$ l de agua · 4 calabacines
50 g de nueces sin cáscara
100 g de queso fresco «light»
El zumo de $1/2$ limón
1 pizca de pimienta · Sal
10 g de aceite de nueces
$1/4$ l de zumo de tomate
1 cucharadita de caldo
de verduras instantáneo
Unas hojitas frescas de menta

Por persona, unos
1600 kJ/380 kcal
15 g de proteínas · 16 g de grasas
43 g de hidratos de carbono
9 g de fibra · 13 mg de colesterol

Tiempo de remojo:
4 horas como mínimo
Tiempo de preparación:
1 $1/4$ horas
Tiempo de cocción: 40 minutos

Lave la cebada perlada y déjela remojar en el agua por lo menos 4 horas. • Póngala al fuego en el agua de remojo hasta que rompa a hervir y déjela cocer luego 30 minutos a fuego lento. • Corte los calabacines por la mitad a lo largo y extráigales la carne con una cucharita, procurando dejar un borde de 1 cm de ancho. Pique finamente la carne del calabacín. • Pique también finamente las nueces. • Escurra la cebada y déjela enfriar. Amásela con la carne de calabacín, las nueces, el queso fresco, el zumo de limón, la pimienta y un poco de sal. • Rellene con esto las mitades de calabacín. • Precaliente el horno a 220° (nivel de gas 4). Disponga los calabacines en una fuente plana refractaria. Rocíelos con aceite por encima. Bata el zumo de tomate con el caldo y viértalo sobre los calabacines. • Hornee los calabacines durante 40 minutos. Adórnelos con la menta y sírvalos con la salsa de tomate.

Sartén de setas y espinacas

Este plato se acompaña bien con arroz integral

Ingredientes para 4 personas:
500 g de hojas de espinaca
200 g de pimientos rojos
y amarillos respectivamente
100 g de cebollas
400 g de setas de cardo
2 dientes de ajo
$^1/_2$ manojo de perejil
40 g de aceite de oliva
$^1/_4$ de cucharadita
de pimentón dulce
Pimienta negra
1 pizca de pimienta de Cayena
Sal

Por persona, unos
730 kJ/170 kcal
7 g de proteínas · 11 g de grasas
7 g de hidratos de carbono
7 g de fibra · 0 mg de colesterol

Tiempo de preparación:
40 minutos

Prepare las espinacas y lávelas varias veces en abundante agua. Lave los pimientos, quíteles las pepitas y córtelos en trozos pequeños. Pele las cebollas y píquelas finamente. Limpie las setas, quíteles el tallo y córtelas en tiritas finas. Pele los dientes de ajo. Lave el perejil y píquelo. ● Caliente 2 cucharadas de aceite en una sartén grande, añada los trozos de cebolla y pimiento y sofríalos 4-5 minutos. Condimente luego con el pimentón, la pimienta, la pimienta de Cayena y un poco de sal. Añada las espinacas a las verduras. Tape enseguida y deje cocer durante unos 10 minutos a fuego moderado. ● Caliente el resto del aceite en una segunda sartén grande y fría las setas de cardo unos 10 minutos. El líquido tiene que haberse evaporado al final. Añada el ajo a las setas pasándolo por el prensa ajos y revuélvalo todo bien. ● Mezcle los pimientos y las espinacas. Al hacerlo, procure separar las espinacas sirviéndose de dos tenedores. Añada las setas y mézclelas bien con las verduras. Esparza por encima el perejil.

Sustanciosos platos de verduras

Ambos platos combinan muy bien con carne de ave frita

Verduras al curry con coco
A la izquierda de la foto

Ingredientes para 4 personas:
150 g de puerro
150 g de zanahorias
250 g de judías verdes
250 g de pimientos verdes
20 g de jengibre fresco
3 dientes de ajo
1 guindilla verde
40 g de aceite vegetal
1 cucharadita de granos
de mostaza
2 cucharadas de cilantro molido
1 cucharadita de cúrcuma
$^1/_2$ l de agua
Sal
10 gotas de edulcorante líquido
40 g de coco rallado
150 g de yogur (1,5% mat. grasa)

Por persona, unos
890 kJ/210 kcal
5 g de proteínas · 13 g de grasas
20 g de hidratos de carbono
5 g de fibra · 0 mg de colesterol

Tiempo de preparación: 1 hora

Prepare el puerro, lávelo y córtelo en aros. Corte las zanahorias en rodajas. Prepare las judías y córtelas en trozos. Parta los pimientos por la mitad, despepítelos y córtelos en tiras. Pele y ralle el jengibre. Pele los dientes de ajo. Pique finamente la guindilla. ● Caliente el aceite. Añada el puerro, el jengibre y el ajo, pasándolo por la prensa ajos, y fríalo todo. Agregue los granos de mostaza, el cilantro y la cúrcuma y tueste la mezcla a fuego moderado durante 2-3 minutos. ● Añada las verduras y la guindilla y siga cociéndolo unos 5 minutos. ● Incorpore el agua, la sal, el edulcorante y el coco. Cueza el curry unos 10 minutos. Deje reducir el líquido hasta la mitad sin taparlo. ● Bata el yogur con el curry y cueza 2 minutos más, procurando que la mezcla no hierva.

Espaguetis integrales con verduras a la provenzal
A la derecha de la foto

Ingredientes para 4 personas:
100 g de cebollas
150 g de pimientos rojos
150 g de calabacines
100 g de hinojo
150 g de berenjenas
3 dientes de ajo
Sal
40 g de aceite de oliva
Algunas hojas de orégano
y tomillo
2 hojas de salvia
Pimienta
250 g de espaguetis integrales
150 g de tomates

Por persona, unos
1500 kJ/360 kcal
12 g de proteínas · 12 g de grasas
47 g de hidratos de carbono
9 g de fibra · 0 mg de colesterol

Tiempo de preparación:
40 minutos

Pele las cebollas y córtelas en aros. Cuartee los pimientos, despepítelos, lávelos y córtelos en tiras. Corte los extremos de los calabacines, lávelos y córtelos en rodajas. Prepare el hinojo, pártalo por la mitad, retire los hilos, y córtelo en tiras. Quítele el pedúnculo a las berenjenas, córtelas en cuartos a lo largo y luego en rodajas. Pele el ajo y páselo por el prensa ajos. ● Ponga a hervir en una olla grande abundante agua con un poco de sal. Caliente el aceite y sofría en él las verduras con el ajo unos 3-4 minutos. Pique las hojas de orégano, tomillo y salvia y añádalas a las verduras. Sazone con pimienta y un poco de sal y estófelo todo durante 8 minutos. ● Cueza los espaguetis «al dente» en el agua hirviendo. ● Lave los tomates, trocéelos y agréguelos a las verduras los últimos 3 minutos. ● Escurra los espaguetis y mézclelos con las verduras.

Finos platos con brécol

Ricos en fibra y potasio

Sopa de tallos de brécoles

A la izquierda de la foto

Ingredientes para 4 personas:
400 g de tallos de brécol
300 g de patatas
$^{1}/_{2}$ l de agua
2 cucharaditas de caldo
de verduras instantáneo
4 dientes de ajo
50 g de crema agria
(10% mat. grasa)
Nuez moscada
Pimienta blanca recién molida
200 g de pan integral
de consistencia gruesa
(4 rebanadas)

Por persona, unos
840 kJ/200 kcal
9 g de proteínas · 2 g de grasas
35 g de hidratos de carbono
7 g de fibra · 4 mg de colesterol

Tiempo de preparación:
35 minutos

Pele los tallos de brécol y córtelos en trozos de unos 3 cm. Pele las patatas, lávelas y córtelas en cuadrados. ● Ponga a hervir el agua y mézclela con el caldo de verduras. ● Hierva los tallos de brécol y los trozos de patata en el caldo durante 8 minutos. Entretanto, pele los dientes de ajo. ● Ponga a calentar el grill. ● Reduzca a puré las verduras con dos terceras partes del caldo en el robot o en la batidora. Añada la crema agria y vuelva a batirlo todo en la batidora. ● Condimente la sopa con nuez moscada y pimienta. Tueste las rebanadas de pan por ambos lados en el grill, restriéguelas con el ajo y sírvalas con la sopa.

Nuestra sugerencia: Se puede preparar también esta sopa con el brécol entero.
De la misma manera puede hacerse una sopa de coliflor, guisantes, colinabo, zanahorias, puerro, apio, escorzonera o espárragos. Una parte de las verduras puede incorporarse en trozos enteros en la sopa. Tratándose de sopas a base de ortigas, berros, acelgas o espinacas, las verduras deben de añadirse sólo momentos antes de que las patatas estén cocidas. Todas las sopas de verduras son pobres en calorías y ricas en fibra y apenas contienen grasa y colesterol.

Espaguetis con brécoles

A la derecha de la foto

Ingredientes para 4 personas:
400 g de ramitos de brécol
Sal
250 g de espaguetis de trigo
duro o espaguetis integrales
elaborados sin huevo
2 dientes de ajo
40 g de aceite de oliva
(4 cucharadas)
1 pizca de guindilla molida
40 g de queso parmesano
recién rallado (4 cucharadas)

Por persona, unos
1500 kJ/360 kcal
13 g de proteínas · 12 g de grasas
49 g de hidratos de carbono
6 g de fibra · 4 mg de colesterol

Tiempo de preparación:
15 minutos
Tiempo de cocción: 15 minutos

Lave los ramitos en un colador e hiérvalos en un poco de agua ligeramente sazonada durante 4-5 minutos. Deje escurrir los brécoles. ● Hierva los espaguetis 8 minutos en agua salada hirviendo. ● Entretanto, pele los ajos y páselos por el prensa ajos. Caliente el aceite en una sartén grande. Añada el ajo y los brécoles y macháquelos con un tenedor. ● Escurra bien los espaguetis echándolos en un colador. Incorpórelos luego al puré de brécol y mézclelo todo bien. Condimente con la guindilla, sirva los espaguetis en platos calentados y aderécelos con el queso parmesano. Este plato combina bien con una ensalada de lechuga.

Platos de verduras con tofu

Servidas con arroz integral, son comidas que sacian

Verduras japonesas con dados de tofu

A la izquierda de la foto

Ingredientes para 4 personas:
250 g de tofu
3 cucharadas de salsa de soja
1 cucharada de jerez seco
200 g de zanahorias
200 g de pimientos verdes
200 g de puerro
100 g de brotes de soja
1 diente de ajo
20 g de aceite de sésamo
(2 cucharadas)
$1/8$ l de caldo de verduras
$1/4$ de cucharadita de jengibre
en polvo · pimienta blanca
1 pizca de pimienta de Cayena
Para freír:
20 g de grasa vegetal de alto
valor nutritivo · (2 cucharadas)

Por persona, unos
800 kJ/190 kcal
8 g de proteínas · 13 g de grasas
10 g de hidratos de carbono
4 g de fibra · 0 mg de colesterol

Tiempo de preparación:
40 minutos

Corte el tofu en dados peque-ños. Écheles por encima la salsa de soja y el jerez y deje que se aliñen unos 30 minutos. • Pele las zanahorias y córtelas en tiri-tas. Lave los pimientos, quíteles el pedúnculo y las semillas y trocée-los. Prepare el puerro, lávelo y córtelo en aros. Lave los brotes. Pique el ajo. Caliente el aceite de sésamo. Sofría las zanahorias, los pimientos y el puerro, removién-dolos durante 3-4 minutos a fue-go moderado. Añada los brotes y el ajo y sofríalos con las verduras. Incorpore el caldo y condimente con el jengibre, la pimienta de Cayena y la pimienta. Dé un her-vor y deje cocer luego todo tapa-do y a fuego lento unos 8 minu-tos. • Escurra los trozos de tofu. Vierta el aliño sobre las verduras, revuélvalo todo y deje que siga cociendo. • Caliente la grasa. Fría en ella los dados de tofu, has-ta que estén crujientes. Guarnez-ca luego con ellos las verduras.

Rollos de col china con tofu

A la derecha de la foto

Ingredientes para 4 personas:
1 col china
Sal
250 g de tofu
100 g de requesón magro
4 cucharadas de salsa de soja
80 g de cacahuetes (tostados, sin salar)
1 limón
$1/4$ l de caldo de verduras
Palillos de madera

Por persona, unos
730 kJ/170 kcal
20 g de proteínas · 5 g de grasas
13 g de hidratos de carbono
10 g de fibra · 1 mg de colesterol

Tiempo de preparación:
25 minutos
Tiempo de cocción: 35 minutos

Desprenda 8 hojas grandes de la col china (utilice el res-to para una ensalada). Eche las hojas de col en agua hirviendo a borbotones, ligeramente sazona-da, déjelas cocer unos 3 minutos. Sáquelas y póngalas a escurrir. • Desmenuce el tofu. Bata el reque-són magro con la salsa de soja. • Machaque los cacahuetes en tro-zos gruesos. Bata el tofu con el requesón y la mitad de los ca-cahuetes y condimente con un poco de sal. • Coloque las hojas de col una encima de otra de dos en dos y distribuya en ellas el re-lleno de tofu. Enrolle las hojas de col y sujételas con los palillos de madera. • Coloque los rollos de col en una fuente refractaria. • Precaliente el horno a 200° (nivel de gas 3). • Pele el limón y córte-lo en rodajitas finas, procurando quitarle las pepitas. Cubra los ro-llos de col con las rodajas de li-món y esparza por encima los ca-cahuetes restantes. • Vierta el caldo en la fuente, tápela y cueza los rollos de col unos 35 minutos en el centro del horno precalen-tado.

Tomates rellenos de soja

Los productos que tienen proteínas de soja son ricos en importantes sustancias nutritivas

Ingredientes para 4 personas:
200 cc de caldo de verduras
100 g de soja seca en trocitos pequeños (tiendas de productos dietéticos)
800 g de tomates (aproximadamente 8 de igual tamaño)
150 g de cebollas
2 dientes de ajo
20 g de crema vegetal de alto valor nutritivo (2 cucharadas)
1 manojo de perejil
20 g de biscotes integrales (2 rebanadas)
6 g de queso parmesano (2 cucharaditas)
Pimienta negra recién molida
Sal
Para la fuente:
20 g de crema vegetal de alto valor nutritivo (2 cucharadas)

Por persona, unos
870 kJ/210 kcal
20 g de proteínas · 9 g de grasas
13 g de hidratos de carbono
10 g de fibra · 1 mg de colesterol

Tiempo de preparación:
40 minutos

Tiempo de cocción: 30 minutos

Caliente el caldo de verduras. Deje remojar ahí los trocitos de soja durante 15 minutos. • Lave los tomates. Recorte una tapa de cada tomate y extráigales la carne del interior con una cucharita. Pique groseramente la carne y la tapa de los tomates. Pele y pique finamente las cebollas y los dientes de ajo. • Caliente la crema vegetal en una sartén y sofría ahí la cebolla y el ajo hasta que queden transparentes. Añada los trocitos de soja y sofríalos brevemente, removiendo. Retire la sartén del fuego y deje que se enfríen un poco los trocitos de soja. • Entre tanto, lave el perejil, escúrralo y píquelo finamente. Trocee los biscotes y desmenúcelos en el robot o en la picadora. Mezcle los biscotes desmenuzados con el queso parmesano. • Precaliente el horno a 200° (nivel de gas 3-4). Mezcle los trocitos de soja con la carne de los tomates y el perejil. Trabájelo todo con la mano hasta obtener

una masa homogénea y condiméntela con pimienta y un poco de sal. Rellene los tomates con la masa y espárzales por encima la mezcla de biscote y parmesano. Unte la crema vegetal en una fuente refractaria y disponga ahí los tomates. Tape la fuente con papel de aluminio, póngala en el centro del horno precalentado y hornee los tomates unos 25 minutos. Quite después el papel de aluminio y hornéelos otros 5 minutos hasta que estén listos. Sirva los tomates calientes con el líquido de la cocción. Este plato se acompaña bien con un puré de patatas cocidas y una ensalada.

Nuestra sugerencia: El relleno de soja también puede utilizarse para preparar, en lugar de tomates, pimientos, berenjenas, calabacines, cebollas, colinabos o patatas. Si desea más salsa, hornee las verduras rellenas añadiendo zumo de tomate, tomate concentrado diluido, caldo de verduras o de levadura. Los tiempos de cocción varían en función del tipo de

verdura, suelen ser más largos que en el caso de los tomates.

Información sobre los productos secos de soja: De las judías de soja se obtiene principalmente aceite. El resto de las judías de soja, pobre en grasas (harina de soja desgrasada), contienen muchas proteínas de alto valor nutritivo, importantes sustancias minerales (hierro, calcio, potasio) y vitaminas del grupo B (B_1, B_2, ácido fólico), así como abundante fibra. A partir de este valioso resto se elaboran los productos de soja texturizados (formados), como trozos pequeños, tiras y cuadrados. Cuando se ponen a remojar en una cantidad de agua de 2 a 3 veces mayor, adquieren una consistencia semejante a la de la carne. Y pueden prepararse entonces como ésta.

Platos de verduras con soja

Los productos de soja pueden adquirirse en tiendas de productos dietéticos y en herbolarios

Moussaka de berenjenas y patatas con soja

A la izquierda de la foto

Ingredientes para 4 personas:
100 g de soja seca en trocitos pequeños
400 cc de zumo de tomate
1 cucharadita de caldo de verduras instantáneo
1 cucharadita de hierbas secas (orégano, tomillo, romero, albahaca)
2 dientes de ajo
400 g de patatas
1 cucharada de medida de extracto de huevo dietético
1 cucharada de medida de agua
100 g de Edam (30% mat. grasa)
600 g de berenjenas
Sal
150 g de crema agria (10% mat. grasa)
Pimienta blanca
Para la fuente:
20 g de crema vegetal dietética (2 cucharadas)
1 manojo de perejil

Por persona, unos
1400 kJ/330 kcal
29 g de proteínas · 12 g de grasas
26 g de hidratos de carbono
10 g de fibra · 26 mg de colesterol

Tiempo de preparación: 1 hora
Tiempo de cocción: 40 minutos

Dé un hervor a los trocitos de soja con el zumo de tomate. Añada el caldo de verduras y disuélvalo removiéndolo en el líquido caliente. Incorpore las hierbas. Pele los dientes de ajo y añádalos una vez pasados por el prensa ajos. Mézclelos todo y déjelo reposar 15 minutos. • Pele las patatas, cuartéelas y cuézalas 10-12 minutos. • Bata el extracto de huevo con el agua. Ralle el queso. • Corte las berenjenas en rodajas, sazónelas y déjelas reposar unos 10 minutos. Reduzca a puré las patatas con el extracto de huevo y la crema agria, incorpore el queso y condimente con pimienta y un poco de sal. Seque las berenjenas con papel de cocina. • Precaliente el horno a 200° (nivel de gas 3). •

Engrase una fuente refractaria con crema vegetal y disponga en ella por capas las rodajas de berenjena y los trocitos de soja. Añada al final la masa de patatas. Meta la bandeja en la parte inferior del horno unos 40 minutos. • Lave el perejil, escúrralo y píquelo finamente. • Aderece la moussaka con el perejil.

Hortalizas de raíz con dados de soja

A la derecha de la foto

Ingredientes para 4 personas:
240 cc de caldo de verduras
120 g de soja clara
100 g de cebollas
200 g de zanahorias
150 g de bulbo de apio
200 g de puerro
40 g de crema vegetal dietética (4 cucharadas)
10 g de tomate concentrado (2 cucharaditas)
$1/4$ de cucharadita de tomillo seco
2 hojas de laurel
2 clavos

Pimienta negra
Sal

Por persona, unos
860 kJ/200 kcal
23 g de proteínas · 9 g de grasas
10 g de hidratos de carbono
10 g de fibra · 0 mg de colesterol

Tiempo de preparación:
45 minutos
Tiempo de cocción: 20 minutos

Caliente el caldo y deje remojar los dados de soja 30 minutos. • Trocee las cebollas. Ralle las zanahorias y el bulbo de apio groseramente. Prepare el puerro, pártalo por la mitad a lo largo, lávelo y córtelo en tiras. • Caliente la crema vegetal y sofría la cebolla hasta que esté transparente. Añada las zanahorias y el apio rallado y sofría también ambos durante 3 minutos. • Incorpore el tomate concentrado. Añada el puerro, los dados de soja, el tomillo, las hojas de laurel y los clavos y deje cocer a fuego lento unos 20 minutos. Condimente con pimienta y un poco de sal.

Tortitas de soja con salsa de requesón y hierbas

Frías también saben estupendamente

Ingredientes para 4 personas:
320 cc de agua
1 cucharadita de caldo de verduras instantáneo
80 g de dados de soja seca (tiendas de productos dietéticos o herbolarios)
100 g de zanahorias
50 g de bulbo de apio
50 g de puerro
1 cucharada de salsa de soja
45 g de harina de soja desgrasada (3 cucharadas colmadas)
$1/4$ de cucharadita de comino molido
Pimienta negra recién molida
Sal
Para rebozar:
10 g de salvado de avena (2 cucharadas)
5 g de semillas de sésamo (2 cucharaditas)
Para freír:
20 g de grasa vegetal de alto valor nutritivo (2 cucharadas)
Para la salsa:
200 g de requesón magro
Agua mineral con gas
$1/2$ sobre de hierbas congeladas

o hierbas frescas variadas
1 diente de ajo
1 cucharada de raiforte fresco rallado o 1 cucharadita de bote
$1/2$ cucharadita de mostaza
Pimienta blanca recién molida
Sal

Por persona, unos
780 kJ/190 kcal
27 g de proteínas · 6 g de grasas
6 g de hidratos de carbono · 8 g de fibra · 1 mg de colesterol

Tiempo de preparación: 45 minutos
Tiempo de elaboración: 1 hora

Ponga a hervir el agua con el caldo de verduras en una cacerola. Eche ahí los trocitos de soja y deje que se hinchen. Pele las zanahorias y el apio y rállelos en trozos finos. Prepare el puerro, córtelo por la mitad a lo largo y lávelo a fondo. Corte el puerro en tiras finas. ● Mezcle las verduras y la salsa de soja con los trocitos de soja. Póngalo todo a hervir tapado y a fuego lento unos 15 mi-

nutos. Póngalo luego a enfriar. ● Mientras, para la salsa, remueva el requesón con tanta cantidad de agua mineral como sea necesaria para que quede cremoso. Incorpore la mezcla de hierbas a la crema de requesón. Pele el ajo, añádalo a la crema de requesón pasándolo por el prensa ajos. Añada el raiforte con la mostaza. Bata bien todos los ingredientes con la batidora. Condimente la salsa de requesón y hierbas con la pimienta y un poco de sal. ● Amase los dados de soja junto con la harina de soja, el comino, pimienta y un poco de sal, hasta obtener una pasta. Déjela reposar unos 5 minutos. ● Esparza homogéneamente 1 cucharada de salvado de avena y 1 cucharadita de semillas de sésamo en un plato llano. ● Caliente 1 cucharada de la crema vegetal dietética en una sartén mediana. ● Haga 4 bolas de igual tamaño con la mitad de la pasta. Aplánelas y rebócelas en la mezcla de salvado de avena y sésamo, apretándolas luego con cuidado por ambos la-

dos. Lo mejor es hacer las tortitas de una en una e ir poniéndolas en la sartén con una paleta para que no se rompan. Fría las tortitas unos 5 minutos por cada lado o hasta que la superficie quede crujiente. Mantenga calientes las tortitas fritas. Prepare las otras 4 tortitas con la mitad de pasta restante según el procedimiento indicado. Sirva las tortitas calientes. Acompáñelas con salsa de requesón y hierbas y puré de patatas cocidas.

Nuestra sugerencia: Para las personas que trabajan ésta es una comida ideal para llevar. Parta por la mitad 2 panecillos integrales y meta una tortita en cada uno. En lugar de salsa de requesón y hierbas, lleve algunos pepinillos en vinagre.

Recetas básicas para guarniciones de cereales

Ricos en importantes vitaminas, sustancias minerales y fibras

Cocer correctamente los cereales

Ingredientes para 4 personas:
200 g de granos de cereal
(por ejemplo, trigo, centeno,
cebada, espelta verde,
escanda o avena pelada)
1 l de agua
1 cucharada de caldo
instantáneo de levadura
o de caldo instantáneo
de verduras, reemplazable
por 2 pastillas de caldo
de levadura o de verduras

En el caso del trigo:
Por persona, unos
640 kJ/150 kcal
6 g de proteínas · 1 g de grasas
30 g de hidratos de carbono
5 g de fibra · 0 mg de colesterol

En el caso del centeno:
Por persona, unos
550 kJ/130 kcal
4 g de proteínas · 1 g de grasas
27 g de hidratos de carbono
7 g de fibra · 0 mg de colesterol

En el caso de la cebada:
Por persona, unos
650 kJ/150 kcal
5 g de proteínas · 1 g de grasas
29 g de hidratos de carbono
5 g de fibra · 0 mg de colesterol

En el caso de la espelta (escanda):
Por persona, unos
740 kJ/160 kcal
6 g de proteínas · 1 g de grasas
31 g de hidratos de carbono
4 g de fibra · 0 mg de colesterol

En el caso de la avena pelada:
Por persona, unos
750 kJ/180 kcal
6 g de proteínas · 4 g de grasas
31 g de hidratos de carbono
3 g de fibra · 0 mg de colesterol

Tiempo de remojo: una noche
(2-3 horas también son suficientes)
Tiempo de cocción: 1 hora

Deje los granos de cereal en remojo durante la noche y póngalos luego al fuego con el agua de remojo hasta que ésta rompa a hervir. A continuación, déjelos cocer aproximadamente 1 hora tapados y a fuego lento. A los 40 minutos, incorpore el caldo de levadura o de verduras y deje que el cereal siga cociendo.
• Eche los granos en un colador y déjelos escurrir.

Nuestra sugerencia: Los granos de cereal pueden condimentarse, al gusto, de manera dulce o salada. Con hierbas frescas (romero, levística, tomillo, mejorana, perejil, cebollino) o con queso parmesano recién rallado, constituyen una sabrosa guarnición para numerosos platos de verdura, así como para aves y pescados fritos o a la parrilla. Los granos de cereal reciben una nota dulce con vainilla, canela o clavo. Así condimentados, pueden utilizarse para un müsli, para una ensalada de frutas, o bien como guarnición de platos de ave y pescado con fru-

tas. Ahorrará tiempo si muele previamente los granos de cereal, los pone en agua al fuego y, cuando rompe a hervir, deja que se hinchen unos 20 minutos a fuego lento. Puede añadir verduras o caldo durante el tiempo de cocción, o hierbas frescas y especias después. A causa de sus valiosas sustancias nutritivas, los platos a base de cereales integrales son un elemento absolutamente indispensable para una alimentación sana. Si decide preparar cereales más a menudo, merece la pena comprar un molinillo de cereales, pues los cereales recién molidos o triturados contienen todas las sustancias nutritivas del grano entero. En todo caso, antes de procurarse un molinillo de cereales, debería consultar en una buena tienda de electrodomésticos.

Mijo y alforfón como guarnición

Ambos constituyen una buena alternativa al arroz

Receta básica para el mijo
A la izquierda de la foto

Ingredientes para 4 personas:
200 g de mijo
400 cc de caldo de levadura
o de verduras
1 hoja de laurel
10 g de margarina vegetal de alto
valor nutritivo (1 cucharada)
Pimienta negra recién molida
Pimentón dulce
Sal
1 manojo de perejil
o de cebollino

Por persona, unos
870 kJ/210 kcal
6 g de proteínas · 4 g de grasas
31 g de hidratos de carbono
5 g de fibra · 0 mg de colesterol

Tiempo de preparación:
20 minutos

Lave el mijo y déjelo escurrir. Junto con el caldo y la hoja de laurel, póngalo a hervir. Deje que hierva para que se hinche tapado y a fuego lento durante 15-20 minutos. • Mezcle el mijo con la margarina vegetal y condimente con pimienta, pimentón y un poco de sal. Quite la hoja de laurel. • Lave el perejil o el cebollino, escúrralos, píquelos o córtelos en trozos pequeños, y espárzalos sobre el mijo. Sirva el mijo con verduras rehogadas.

Nuestra sugerencia: Si lo prefiere dulce, cueza el mijo en agua con canela, clavo y una pizca de sal. Al finalizar el tiempo de cocción, incorpore una cucharada de margarina vegetal. Combina bien con platos de ave o pescado guarnecidos con frutas. También puede dejar enfriar el mijo, al tiempo que lava 1 manzana, u otra fruta fresca, le extrae el corazón y la trocea. Bata luego con el mijo los trozos de manzana junto con yogur semidesnatado, zumo de limón y edulcorante líquido o jarabe de manzana.

Receta básica para el alforfón
A la derecha de la foto

Ingredientes para 4 personas:
80 g de cebolla
20 g de aceite vegetal de alto
valor nutritivo (2 cucharadas)
200 g de alforfón
400 cc de caldo de verduras
1 manojo de perejil
Pimienta

Por persona, unos
960 kJ/230 kcal
6 g de proteínas · 6 g de grasas
38 g de hidratos de carbono
3 g de fibra · 0 mg de colesterol

Tiempo de preparación:
40 minutos

Pique finamente la cebolla y sofríala en el aceite. Añada el alforfón y vierta el caldo. Deje que dé un hervor y que el alforfón cueza luego a fuego lento durante unos 20 minutos. • Pique el perejil. Condimente el alforfón con pimienta y aderécelo con el perejil.

Nuestra sugerencia: El alforfón cocido puede utilizarse para preparar hamburguesas o albóndigas o como relleno. Para hacer hamburguesas, mezcle el alforfón con 2 cucharadas de requesón magro. El requesón se emplea aquí, en lugar de huevos, para trabar. Condimente con aritos de cebollino o aros finos de puerro, pimienta y un poco de sal. Haga rollitos pequeños con la masa. Coloque éstos sobre una fuente refractaria untada con aceite, aplástelos y horneélos en el horno (centro) a 180° (nivel de gas 3) unos 10 minutos por cada lado, hasta que queden crujientes. O recubra una sartén con papel para freír y fría las hamburguesas sin grasa. Sírvalas con puré de patatas y salsa de tofu y hierbas (receta en la página 55). Con esta masa se pueden rellenar también verduras como calabacines, pimientos, tomates o colinabos, por ejemplo.

Receta básica para el arroz integral

El arroz integral no ha sido pelado ni pulido, conteniendo todas sus valiosas sustancias nutritivas

Ingredientes para 4 personas:
200 g de arroz integral sin pelar
400 cc de agua
Sal

Por persona, unos
730 kJ/170 kcal
4 g de proteínas · 1 g de grasas
37 g de hidratos de carbono
2 g de fibra · 0 mg de colesterol

Tiempo de preparación:
50 minutos

Agregue el arroz integral al agua y déle un hervor. Déjelo luego cocer con el recipiente tapado y a fuego lento unos 45 minutos. • Si al transcurrir el tiempo de cocción se ha consumido el líquido, añada aproximadamente ½ taza de agua y deje cocer el arroz tapado otros 5 minutos. Quite la tapa y deje que se evapore el líquido. • Si el líquido no se hubiera consumido, no añada más agua, y deje que se evapore el líquido. • Condimente el arroz con un poco de sal. • El

arroz integral combina con numerosos platos dulces o salados.

Variante: arroz integral con hierbas
Pique ½ manojo de perejil, de cebollino y de eneldo, respectivamente, y mezcle las hierbas con el arroz integral. Condimente con pimienta negra.

Variante: arroz integral con tomate
Escalde 200 g de tomates, pélelos y cuartéelos. Caliente en una sartén 2 cucharadas de aceite vegetal de alto valor nutritivo y sofría los tomates. Incorpore después removiendo 1 cucharada de tomate concentrado y 1 cucharadita de pimentón, mézclelo todo con el arroz y condiméntelo con pimienta.

Por persona, unos
940 kJ/220 kcal
4 g de proteínas · 6 g de grasas
39 g de hidratos de carbono
3 g de fibra · 0 mg de colesterol

Variante: arroz integral al curry
Caliente unos instantes 2 cucharadas de curry en polvo en 2 cucharadas de aceite vegetal de alto valor nutritivo y mezcle ésto con el arroz.

Por persona, unos
900 kJ/210 kcal
4 g de proteínas · 6 g de grasas
37 g de hidratos de carbono
2 g de fibra · 0 mg de colesterol

Variante: arroz integral con champiñones
Corte en rodajitas 250 g de champiñones y sofríalos en 2 cucharadas de aceite vegetal de alto valor nutritivo. Mezcle los champiñones con el arroz integral cocido y abundante perejil picado. Condimente el arroz con pimienta blanca y una pizca de ajo en polvo.

Por persona, unos
940 kJ/220 kcal
5 g de proteínas · 6 g de grasas
37 g de hidratos de carbono
3 g de fibra · 0 mg de colesterol

Nuestra sugerencia: El arroz integral cocido puede congelarse perfectamente. Prepárelo, pues, en cantidad para tenerlo de reserva. Al ir a calentarlo, póngalo sencillamente en un colador suspendido sobre agua hirviendo. Cuando vaya a servirlo como guarnición para platos salados, puede cocer también el arroz integral en caldo de verduras, de levadura o de gallina. Si quiere hacer platos dulces, cueza el arroz integral en agua o leche con un poco de canela, clavo, corteza de limón y edulcorante líquido.

Información sobre el arroz integral: no está pelado y contiene muchas más vitaminas y sustancias minerales que las variedades de arroz pulidas. Desde hace algún tiempo existe también arroz integral vaporizado. Éste es sometido a un tratamiento de presión de vapor y contiene tantas vitaminas y sustancias minerales como el arroz integral. Por otro lado, tiene un tiempo de cocción esencialmente más corto.

Arroz integral aromatizado

El arroz integral puede adquirirse como arroz de grano redondo, mediano o alargado

Ingredientes para 4 personas:
80 g de cebolla (1 mediana)
20 g de aceite vegetal de alto valor nutritivo
200 g de arroz integral (2 cucharadas)
400 cc de agua
1 hoja de laurel
$^1/_2$ taza de vino blanco seco o de agua
Sal

Por persona, unos
1100 kJ/260 kcal
4 g de proteínas · 6 g de grasas
40 g de hidratos de carbono
3 g de fibra · 0 mg de colesterol

Tiempo de preparación:
según la variedad, de 50 a 60 minutos

Pele y pique muy finamente la cebolla. Caliente el aceite en una cacerola y sofría ahí la cebolla hasta que esté transparente. Añada el arroz integral y sofríalo también unos instantes, hasta que comience a despedir un aroma agradable. ● Vierta el agua, deje que dé un hervor, añada la hoja de laurel y deje cocer el arroz tapado y a fuego lento unos 30 minutos. ● Añada el vino blanco y cueza el arroz tapado otros 5 minutos. ● Quite la tapa durante los últimos 10 minutos para que se evapore el líquido restante. ● Condimente el arroz con un poco de sal y retire la hoja de laurel.

Nuestra sugerencia: También puede echar agua en lugar de vino blanco. Sin embargo, ¡no le tenga miedo al vino blanco! El alcohol se evapora en la cocción. Sólo queda el delicado aroma del vino. De este modo, el fino sabor típico del arroz se ve realzado discretamente.

Sustanciosos platos a base de legumbres

Particularmente ricas en fibras con capacidad de absorción

Judías horneadas
A la izquierda de la foto

Ingredientes para 4 personas:
200 g de judías arriñonadas
secas · 100 g de cebollas
$^3/_4$ l de agua · 2 dientes de ajo
10 g de aceite vegetal de alto
valor nutritivo · 1 hoja de laurel
2 cucharaditas de caldo
de verduras instantáneo
70 g de tomate concentrado
1 cucharada de mostaza Dijon
no muy picante
2 cucharadas de vinagre
de vino tinto · Pimienta negra
100 g de zanahorias
150 g de manzanas · sal
10 g de aceite vegetal de alto
valor nutritivo (1 cucharada)

Por persona, unos
1000 kJ/240 kcal
12 g de proteínas · 6 g de grasas
34 g de hidratos de carbono
12 g de fibra · 0 mg de colesterol

Tiempo de remojo: 12 horas
Tiempo de preparación:
10 minutos

Tiempo de cocción: 1 ½ horas
Tiempo de horneado: 1 hora

Lave las judías y remójelas en el agua unas 12 horas. • Pique el ajo y la cebolla. • Caliente el aceite y sofríalos hasta que estén transparentes. • Añada las judías con el agua de remojo y la hoja de laurel y deje que den un hervor. Cueza las alubias durante 1 hora a fuego lento. • Añada el caldo, el tomate concentrado, la mostaza y el vinagre y deje que siga cociendo todo durante otra ½ hora. • Entretanto, pele las zanahorias y las manzanas, corte las zanahorias en rodajitas finas y las manzanas en forma de gajos delgados. • Precaliente el horno a 180° (nivel de gas 3). • Caliente el aceite y sofría la zanahoria. Añada las judías, la zanahoria y la manzana, condimente con pimienta y un poco de sal. • Ponga las judías en una fuente refractaria, cierre ésta con la tapa o papel de aluminio y métala en la parte inferior del horno durante una hora, aproximadamente.

Receta básica para las lentejas
A la derecha de la foto

Ingredientes para 4 personas:
250 g de lentejas marrones
$^3/_4$ l de agua · 1 hoja de laurel
2 cucharaditas de caldo
de verduras instantáneo
80 g de cebolla (1 mediana)
20 g de crema vegetal dietética
2 cucharadas de vinagre
de vino
Un poco de edulcorante líquido

Por persona, unos
480 kJ/230 kcal
15 g de proteínas · 5 g de grasas
33 g de hidratos de carbono
7 g de fibra · 0 mg de colesterol

Tiempo de maceración: 2-3 horas
Tiempo de cocción: 30 minutos
Acabado: 15 minutos

Deje remojar las lentejas en el agua 2-3 horas. Póngalas luego a hervir junto con el agua de remojo y la hoja de laurel y

déjelas cocer tapadas y a fuego lento durante 30 minutos. • Escurra las lentejas en un colador, reteniendo el agua de la cocción. Diluya el caldo en el agua caliente y échelo en un cuenco. Coja 2-3 cucharadas de lentejas y redúzcalas a puré con el caldo. Si es necesario, eche más lentejas. • Vuelva a poner en el recipiente el puré y las lentejas. Pele la cebolla y píquela. Caliente la crema vegetal y sofría ahí la cebolla hasta que esté transparente. Añádala luego a las lentejas y caliente éstas. Condimente con el vinagre y un poco de edulcorante.

Variante: puré de lentejas
Reduzca a puré las lentejas con su líquido de la cocción y el caldo de verduras. • Vuelva a echar en la olla el puré y condiméntelo con una pizca de polvo de anís y de hinojo. Sofría la cebolla y mézclela con el puré. Condimente con vinagre y un poco de edulcorante líquido.

Patatas en camisa

No tienen que tener partes verdes ni brotes

Patatas horneadas en papel de aluminio

A la izquierda de la foto

Ingredientes para 4 personas:
4 patatas grandes del mismo tamaño (unos 200 g cada una)
Papel de aluminio
20 g de margarina vegetal de altovalor nutritivo

Por persona, unos
740 kJ/180 kcal
4 g de proteínas · 4 g de grasas
31 g de hidratos de carbono
5 g de fibra · 0 mg de colesterol

Tiempo de preparación: 1 hora

P recaliente el horno a 200° (nivel de gas 3-4). ● Lave a fondo las patatas bajo el agua corriente, séquelas y pínchelas con un tenedor por todas partes. Envuelva cada patata en un trozo de papel de aluminio y póngalas en la rejilla inferior del horno unos 45 minutos. ● Haga luego la prueba de cocción con un palillo de madera y, de ser necesario, hornéelas otros 5-10 minutos. ● Abra el papel de aluminio y escarbe un poco la patata en el centro sirviéndose de 2 tenedores. Eche ahí la margarina. Sirva las patatas en papel de aluminio.

Nuestra sugerencia: En lugar de margarina, puede echar a las patatas salsa de tofu y hierbas (receta en la página 55) o salsa de requesón y hierbas (receta de la página 63). Con una ensalada mixta de verduras, tiene usted una cena ligera sin colesterol.

Variante: Patatas salteadas al horno
Limpie las patatas bajo el agua corriente, séquelas y córtelas en rodajas. Engrase una fuente refractaria con la margarina y distribuya ahí las rodajas de patata. Sazone un poco las patatas, aderécelas con comino y semillas de sésamo y métalas en el centro del horno unos 25 minutos.

Patatas al vapor

A la derecha de la foto

Ingredientes para 4 personas:
800 g de patatas del mismo tamaño
1 taza de agua
1 vaporera con cesta y tapa que cierre bien

Por persona, unos
590 kJ/140 kcal
4 g de proteínas · 0 g de grasas
31 g de hidratos de carbono
5 g de fibra · 0 mg de colesterol

Tiempo de preparación:
30 minutos

L ave a fondo las patatas bajo el agua corriente. ● Eche el agua en la vaporera, coloque las patatas en el cesto de cocción al vapor, póngalas en la olla y cuézalas tapadas durante unos 25 minutos. Las patatas están cocidas cuando la cáscara está ligeramente reventada. ● Escurra el agua de cocción, vuelva a colocar el cesto con las patatas en la vaporera y ponga ésta unos 2 minutos sobre fuego muy lento hasta que la cáscara de las patatas esté seca. Eche las patatas en una fuente, tápelas con un paño y no las pele hasta que no estén servidas en la mesa. Las patatas se acompañan estupendamente con crema de queso con cebolla (receta en la página 99).

Nuestra sugerencia: Las patatas al vapor tienen un mayor valor nutritivo que las patatas cocidas en agua con sal, pues no se echan tanto a perder las vitaminas y las sustancias minerales. Con las patatas al vapor que sobren puede prepararse una buena ensalada de patatas o unas patatas salteadas. Las patatas salteadas también salen bien friéndolas en una sartén antiadherente sin grasa. Igualmente, sólo deberían utilizarse patatas al vapor para hacer puré.

Finos platos de pescado

Se puede comer como un sibarita y con poco colesterol consumiendo variedades magras de pescado, como bacalao, carbonero, eglefino, trucha o gallineta. Prueba de esto es este guiso de salmón y gambas con arroz al azafrán (receta en la página 73). En este capítulo aprenderá a preparar con poca grasa deliciosos platos de pescado. Acompañe con arroz integral preparado como se ha descrito en el capítulo precedente, un bacalao fresco adobado o una sartén de eglefino y puerro. No es sólo que el pescado sea un bocado exquisito, también ofrece algunas ventajas adicionales: es rico en proteínas, pobre en calorías y, tratándose de pescado de mar, constituye una importante fuente de yodo.

Filetes de solla con verduras

En una cazuela de terracota se conservan sus propiedades nutritivas

Ingredientes para 4 personas:
4 filetes de solla o platija (unos 125 g cada uno)
2 cucharadas de zumo de limón
400 g de patatas
300 g de pimientos verdes
100 g de cebolla
2 dientes de ajo
2 ramas de albahaca
1 lata de tomates pelados (400 g)
1 cucharadita de caldo de verduras instantáneo
Sal y pimienta
1 cazuela de terracota

Por persona, unos
890 kJ/210 kcal
26 g de proteínas · 2 g de grasas
24 g de hidratos de carbono
6 g de fibra · 69 mg de colesterol

Tiempo de preparación:
45 minutos
Tiempo de cocción: 1 ¹/₄ horas

Lave el pescado, escúrralo, rocíelo con zumo de limón y resérvelo. ● Ponga una cazuela de terracota en agua fría. Pele las patatas y córtelas en rodajas. Cuartee los pimientos, despepítelos y córtelos en tiras. Corte las cebollas en aros. Pele los dientes de ajo. Desprenda las hojas de albahaca de los tallos, lávelas y píquelas. ● Eche en una fuente los tomates con el jugo. Añada el ajo pasándolo por el prensa ajos, incorpore su zumo, pimienta y un poco de sal y revuélvalo todo con los tomates. Mezcle esto con las patatas, los pimientos, las cebollas y la albahaca. Échelo todo en la cazuela de terracota y tápela. Meta la cazuela en la parte inferior del horno frío sobre la rejilla. Hornee las verduras a 220° (nivel de gas 4) unos 30 minutos. ● Escurra el pescado, condiméntelo con un poco de sal y pimienta, colóquelo sobre las verduras pasados los 30 minutos y termine de hornear el plato en 40-45 minutos.

Nuestra sugerencia: Los hornos de gas tienen que irse calentando poco a poco. Para empezar, meta la cazuela de terracota en el horno frío. Póngalo primero 5 minutos en el nivel 1, luego otros 5 minutos en el nivel 2 y, por último, súbalo al nivel 4.

Platos delicados de pescado

Digestivos y ricos en proteínas

Guiso de salmón y gambas con arroz al azafrán

A la izquierda de la foto

Ingredientes para 4 personas:
100 g de cebollas
200 g de bulbo de apio
1 limón o 1 lima pequeños
3 dientes de ajo
600 g de puerro
400 g de filete de salmón
100 g de gambas
1 pimiento rojo pequeño
y otro verde
400 cc de agua
Sal
200 g de arroz de grano largo
1 pizca de azafrán
20 g de crema vegetal de alto
valor nutritivo (2 cucharadas)
$3/4$ de l de caldo de gallina
1 rama de estragón
$1/2$ manojo de albahaca
$1/2$ manojo de perejil liso

Por persona, unos
1975 kJ/470 kcal

30 g de proteínas · 29 g de grasas
44 g de hidratos de carbono
4 g de fibra · 60 mg de colesterol

Tiempo de preparación:
50 minutos

Corte la cebolla en aros. Corte el apio en tiritas. • Ralle la cáscara de limón y resérvela. Exprima el zumo del limón. • Rocie el apio con el zumo de limón. • Pique finamente el ajo. Prepare el puerro, lávelo y córtelo en aros. • Enjuague el filete de salmón, séquelo y córtelo en trozos. • Enjuague las gambas y déjelas escurrir. • Lave los pimientos, córtelos por la mitad, despepítelos y córtelos en tiras. Ponga a hervir el agua con la sal, añada entonces el arroz, al azafrán y los pimientos. Cuézalo todo de 15 a 18 minutos. • Caliente la crema vegetal. Sofría en ella la cebolla, el apio y el ajo unos 5 minutos. Añada el puerro e incorpore el caldo. Deje cocer todo unos 5 minutos. • Añada los trozos de sal-

món, las gambas y el estragón. Deje cocer todo durante 8-10 minutos a fuego lento. • Lave la albahaca y el perejil, séquelos y píquelos. Incorpórelos al recipiente junto con la cáscara de limón. Sirva el guiso de salmón y gambas con el arroz al azafrán.

Carbonero a la parrilla con salvia

A la derecha de la foto

Ingredientes para 4 personas:
500 g de carbonero o bacalao
(aproximadamente 4 filetes
del mismo tamaño)
Para el adobo:
El zumo de 1 limón
30 g de aceite de oliva
(3 cucharadas)
$1/2$ cucharadita de mostaza
en polvo
$1/2$ cucharadita de cilantro
molido
Pimienta blanca
Sal
8 hojas grandes de salvia

Para la parrilla:
Un poco de aceite vegetal

Por persona, unos
770 kJ/180 kcal
23 g de proteínas · 10 g de grasas
1 g de hidratos de carbono
0 g de fibra · 41 mg de colesterol

Tiempo para marinar: por lo menos 30 minutos
Tiempo de asado: 8-10 minutos

Lave el pescado y escúrralo. • Bata el zumo de limón con el aceite, la mostaza en polvo, el cilantro, la pimienta y un poco de sal. Pique la salvia groseramente. Agréguelo a la marinada y distribuya ésta sobre el pescado. Deje reposar el pescado 30 minutos. • Precaliente la parrilla. Pincele la parrilla con aceite, coloque ahí el pescado y áselo 4-5 minutos. Déle la vuelta al pescado, úntelo con la marinada restante y acabe de asarlo otros 4-5 minutos. Este plato combina con el risotto de verduras de la página 51.

Bacalao y eglefino, apreciados pescados de mar

Quedan bien con arroz integral

Bacalao fresco marinado

A la izquierda de la foto

Ingredientes para 4 personas:
500 g de bacalao (4 filetes del mismo tamaño)
Para la marinada:
1 limón
20 g de aceite vegetal (2 cucharadas)
1 cucharadita colmada de curry en polvo
$^1/_4$ de cucharadita de clavo
$^1/_2$ cucharadita de hinojo y comino molidos
1 diente de ajo
Pimienta blanca recién molida
Sal
Para la fuente:
10 g de aceite vegetal del alto valor nutritivo (1 cucharada)

Por persona, unos
670 kJ/160 kcal
22 g de proteínas · 8 g de grasas
1 g de hidratos de carbono
0 g de fibra · 63 mg de colesterol

Tiempo para marinar: 2 horas
Tiempo de cocción: 20 minutos

Lave el pescado y escúrralo. Exprima el limón. Bata bien el zumo de limón con el aceite, el curry, el clavo, el hinojo, el comino, la pimienta y un poco de sal. Pele el ajo y añádalo pasándolo por el prensa ajos. Distribuya homogéneamente la marinada sobre el pescado aplicándola con un pincel. Coloque los filetes de pescado en un recipiente unos sobre otros y déjelos marinar tapados 2 o más horas, a fin de que cojan sabor. ● Precaliente el horno a 220° (nivel de gas 4). Pincele con el aceite una fuente refractaria. ● Deje parte de la marinada sobre el bacalao y póngalo en la fuente. Reserve el resto. Tape la fuente con papel de aluminio o de horno y métala en el centro del horno unos 10 minutos. Unte el pescado con el resto de la marinada y termine de hornearlo destapado otros 5-10 minutos.

Sartén de eglefino y puerros

A la derecha de la foto

Ingredientes para 4 personas:
4 filetes de eglefino o bacalao (unos 125 g cada uno)
2 cucharadas de zumo de limón
600 g de puerros
40 g de crema vegetal dietética (4 cucharadas)
Pimienta negra recién molida
Sal
200 g de crema de leche agria (10% de mat. grasa)
2 cucharadas de mostaza

Por persona, unos
980 kJ/230 kcal
25 g de proteínas · 13 g de grasas
4 g de hidratos de carbono
5 g de fibra · 91 mg de colesterol

Tiempo de preparación:
20 minutos
Tiempo de cocción: 16 minutos

Lave los filetes de pescado, séquelos y córtelos en pequeños trozos. Eche el limón sobre los trozos de pescado y resérvelos. ● Prepare el puerro, lávelo a fondo y córtelo en aros. ● Caliente la crema vegetal en una sartén a fuego moderado y sofría ahí el puerro. Añada el pescado, condiméntelo con pimienta y un poco de sal y rehóguelo unos 5 minutos tapado y a fuego lento o moderado. ● Bata la crema agria con la mostaza y viértala sobre el pescado. Mézclelo todo cuidadosamente (el pescado no tiene que deshacerse) y deje que siga cociendo otros 6 minutos en la sartén destapada. Si es necesario, condimente otra vez con pimienta y un poco de sal.

Nuestra sugerencia: También puede utilizar, en lugar de eglefino, cualquier otro tipo de pescado de carne firme, como el bacalao o la merluza.

Filetes de lenguado con zanahorias y apio

El pescado de mar constituye la fuente más importante de yodo

Ingredientes para 4 personas:
8 filetes de lenguado
(60-70 g cada uno)
2 cucharadas de zumo de limón
500 g de tallos de apio
300 g de zanahorias
30 g de crema vegetal dietética o
margarina vegetal (3 cucharadas)
10 g de aceite vegetal de alto
valor nutritivo (1 cucharada)
Pimienta blanca recién molida
Sal
200 cc de crema de leche
(10% mat. grasa)
4 cucharadas de jerez seco
o vino blanco
1 cucharada de mostaza Dijon
1-2 gotas de edulcorante líquido
1 unidad de papel parar freír
(páginas 26-27)

Por persona, unos
1300 kJ/310 kcal
29 g de proteínas · 16 g de grasas
14 g de hidratos de carbono
5 g de fibra · 100 mg de colesterol

Tiempo de preparación: 1 hora

Extienda los filetes de lengua-do y aplánelos con el rodillo para que no se doblen luego al fre-írlos. Rocíelos con el zumo de li-món y resérvelos. ● Prepare el apio. Lave los tallos, divídalos en trozos y corte luego éstos en tiri-tas. Pele las zanahorias, lávelas y córtelas igualmente. ● Caliente la crema vegetal en una sartén a fue-go moderado, añada las tiritas de apio y zanahoria y rehóguelas ta-padas de 15-20 minutos. ● Entre tanto, seque el pescado, úntelo con el aceite y condiméntelo con pimienta y un poco de sal. Cubra una sartén grande con el papel para freír. Dore ligeramente los fi-letes de lenguado 7 minutos a fue-go lento. Déles luego la vuelta y acabe de freírlos. ● Mantenga los filetes de lenguado en un lugar ca-liente. ● Caliente la crema con el jerez en una sartén a fuego vivo, hasta que la mezcla espese y ad-quiera una consistencia cremosa. Condiméntela luego con la mosta-za, la pimienta, un poco de sal y el edulcorante. Mezcle la salsa con las verduras. Disponga las verdu-ras alrededor de los filetes de len-guado. Sírvalos con patatas coci-das o pan integral de barra.

Bacalao con espinacas

Este plato puede prepararse con cualquier pescado blanco

Ingredientes para 4 personas:
400 g de filetes de bacalao
2 cucharadas de zumo de limón
600 g de espinacas
2 dientes de ajo
20 g de crema vegetal de alto valor nutritivo (2 cucharadas)
100 cc de vino blanco seco
Sal
110 g de queso Edam (30% mat. grasa)
20 g de nueces descascaradas (reemplazable por avellanas o almendras)
100 cc de crema de leche (10% mat. grasa)

Por persona, unos
1200 kJ/290 kcal
31 g de proteínas · 15 g de grasas
4 g de hidratos de carbono
3 g de fibra · 33 mg de colesterol

Tiempo de preparación:
35-40 minutos
Tiempo de cocción: 40 minutos

Lave el pescado, séquelo, rocíelo con el zumo de limón y déjelo marinar para que coja sabor. • Prepare las espinacas, córteles los tallos largos, lávelas varias veces y déjelas escurrir en un colador. • Pele los dientes de ajo. Precaliente el horno a 200° (nivel de gas 3-4). • Caliente la crema vegetal a fuego moderado en una fuente refractaria, eche el ajo pasado por el prensa ajos y rehóguelo brevemente. Añada las espinacas, incorpore el vino, sazone un poco y cueza las espinacas unos 4 minutos. • Coloque el pescado sobre las espinacas y métalo unos 20 minutos tapado en el centro del horno precalentado. Quite la tapa y hornee el pescado otros 10 minutos. • Entretanto, pique el queso y las nueces y mezcle ambos con la crema de leche. • Saque la fuente del horno, unte el pescado con la mezcla de nueces y queso y gratínelo en el horno durante 10 minutos. Sírvalo con patatas o con una barra de pan integral.

Gallineta con hinojo

También puede preparar este plato con bacalao o merluza

Pescado con endibias y tomate

Puede prepararse también con filete de bacalao

Ingredientes para 4 personas:
500 g de filetes de gallineta
(unos 4 filetes del mismo tamaño)
El zumo de 1 limón
Sal
600 g de bulbos de hinojo
200 g de verduras para sopa
(zanahorias, bulbo de apio,
raíz de perejil, puerro)
30 g de crema vegetal dietética
(3 cucharadas)
1/4 l de caldo de verduras
Pimienta blanca recién molida

Por persona, unos
1100 kJ/260 kcal
27 g de proteínas · 11 g de grasas
13 g de hidratos de carbono
7 g de fibra · 48 mg de colesterol

Tiempo de preparación: 1 hora

Lave el pescado, séquelo, échele el limón y sazónelo un poco. ● Prepare el hinojo, quitándole los tallos leñosos y reservando las hojitas verdes. Parta los bulbos por la mitad a lo largo, quite los troncos recortándolos en forma de cuña y corte las mitades de hinojo en tiras finas. Limpie las verduras para sopa, lávelas y córtelas en tiras del grosor de una cerilla. ● Caliente la crema vegetal en una cacerola y sofría las verduras hasta que estén transparentes. Añada el caldo de verduras y siga rehogándolo todo un poco. Coloque los filetes de pescado sobre las verduras y déjelos cocer durante 20 minutos tapados y a fuego lento. ● Lave las hojitas de hinojo, escúrralas, píquelas y espárzalas sobre el pescado. Condimente el pescado con pimienta y sírvalo con puré de patatas.

Ingredientes para 4 personas:
500 g de filete de carbonero
2 cucharadas de zumo de limón
500 g de endibias
500 g de tomates
100 g de cebollas
Sal
Pimienta blanca recién molida
1 manojo de perejil

Por persona, unos
630 kJ/150 kcal
26 g de proteínas · 2 g de grasas
8 g de hidratos de carbono
5 g de fibra · 41 mg de colesterol

Tiempo de preparación:
20 minutos
Tiempo de cocción: 20 minutos

Lave el pescado, séquelo, córtelo en trozos que quepan en la boca, écheles el zumo de limón y resérvelos. ● Prepare las endibias, córtelas por la mitad a lo largo, quite los troncos amargos recortándolos en forma de cuña y lave los cogollos. Lave los tomates y córtelos en rodajas.

Pele las cebollas y córtelas en aros. Precaliente el horno a 220° (nivel de gas 4). ● Eche los aros de cebolla en una fuente para gratinar, distribuya por encima las mitades de endibia y condiméntelo todo con un poco de sal. Coloque por encima los trozos de pescado y, por último, las rodajas de tomate. Esparza por encima pimienta y un poco de sal. Coloque la tapa y meta la fuente unos 20 minutos en la parte inferior del horno precalentado. ● Lave el perejil, escúrralo, píquelo y espárzalo sobre el plato. Sirva el pescado con arroz integral o patatas cocidas al vapor.

Nuestra sugerencia: Pueden utilizarse también filetes de pescado congelado en lugar de pescado fresco. En este caso, deje que se descongelen un poco antes de cortarlos en trozos y prepárelos como se indica en la receta.

Pescado al curry con plátano

Se acompaña con arroz integral

Dorada con cebolla a la mostaza

También puede emplear besugo

Ingredientes para 4 personas:
500 g de filetes de pescado
de mar (bacalao o lenguado)
2 cucharadas de zumo de limón
100 g de cebollas
200 g de manzanas rojas
300 g de plátanos pelados
20 g de crema vegetal dietética
(2 cucharadas)
100 cc de crema de leche
(10% mat. grasa)
1 cucharada de curry en polvo
1 cucharada de medida
de espesante dietético
Pimienta blanca recién molida
Pimienta de Cayena
Sal

Por persona, unos
1000 kJ/240 kcal
24 g de proteínas · 7 g de grasa ·
22 g de hidratos de carbono · 4 g
de fibra · 71 mg de colesterol

Tiempo de preparación:
35 minutos

Lave el pescado, séquelo, trocéelo, échele el zumo de limón y resérvelo. ● Pele las cebollas y píquelas. Lave las manzanas con agua tibia, córtelas por la mitad, extraígales el corazón y trocéelas. Pele los plátanos y córtelos en rodajas. ● Caliente la crema vegetal en una sartén grande, sofría la cebolla hasta que esté transparente. Añada el pescado y fríalo también a fuego moderado unos 10 minutos. Agregue la manzana y el plátano y sofríalos unos 4 minutos. ● Bata la crema con el curry, el espesante, la pimienta, la pimienta de Cayena y un poco de sal. Échelo en la sartén y caliente el curry sin dejar de remover y procurando que no vuelva a hervir. Con este plato combina el arroz integral aromatizado de la página 67.

Ingredientes para 4 personas:
1 kg de cebollas
20 g de crema vegetal de alto
valor nutritivo (2 cucharadas)
$^1/_8$ l de vino blanco seco
o caldo de verduras
2 cucharadas de mostaza
no muy picante
2 cucharaditas de mostaza
en polvo
Pimienta blanca recién molida
Sal
Un poco de edulcorante líquido
2 manojos de eneldo
500 g de filetes de dorada
2 cucharadas de zumo de limón
Para la fuente:
20 g de crema vegetal de alto
valor nutritivo (2 cucharadas)

Por persona, unos
1300 kJ/310 kcal
27 g de proteínas · 13 g de grasas
17 g de hidratos de carbono
8 g de fibra · 48 mg de colesterol

Tiempo de preparación:
45 minutos
Tiempo de cocción:
25-30 minutos

Pele la cebolla y píquela finamente. Caliente la crema vegetal y sofría la cebolla hasta que esté transparente. Añada el vino y condimente con la mostaza, la mostaza en polvo, la pimienta, un poco de sal y edulcorante líquido. Cueza la cebolla tapada y a fuego lento durante 15-20 minutos. Precaliente el horno a 200° (nivel de gas 3). ● Lave el eneldo, escúrralo, quítele los tallos gruesos, píquelo y mézclelo con la cebolla. ● Lave el filete de pescado con agua fría, séquelo y échele el limón. ● Engrase una fuente refractaria con la crema vegetal, coloque en ella el filete de pescado y distribuya por encima la cebolla con mostaza. ● Tape la fuente con una tapadera o papel de aluminio. ● Meta el pescado en el centro del horno y hornéelo 25-30 minutos. Sírvalo luego con puré de patatas.

Trucha en papillote, con ensalada de tomate y plátano

Este plato se acompaña con patatas cocidas al vapor

Ingredientes para 4 personas:

4 truchas pequeñas (unos 170 g cada una) listas para cocinar
4 cucharadas de zumo de limón
1 manojo de eneldo · sal
10 g de aceite vegetal de alto valor nutritivo (1 cucharada)
Para la ensalada:
500 g de tomates · 1 limón
300 g de plátanos · pimienta
1-2 gotas de edulcorante líquido
20 g de aceite de cacahuete (2 cucharadas)
1 manojo de cebollino
4 rodajas de limón
Papel de aluminio

Por persona, unos
1175 kJ/280 kcal
25 g de proteínas · 11 g de grasas
20 g de hidratos de carbono
5 g de fibra · 63 mg de colesterol

Tiempo de preparación:
10 minutos
Tiempo de cocción: 20 minutos

Lave las truchas bajo el agua corriente, séquelas, écheles unas gotas de limón por dentro y por fuera y condiméntelas con un poco de sal. • Precaliente el horno a 220° (nivel de gas 4). • Lave el eneldo, déjelo escurrir e introduzcalo en el vientre de las truchas. • Corte cuatro trozos de papel de aluminio del mismo tamaño, de modo que pueda envolver una trucha con cada uno. Pincele los trozos de papel de aluminio con aceite vegetal. Envuelva las truchas, procurando que no queden muy apelmazadas (páginas 26/27). Coloque los papillotes con las truchas en una bandeja del horno y meta ésta en el centro del mismo durante unos 20 minutos. • Lave los tomates y córtelos en rodajas. Pele los plátanos y córtelos igualmente en rodajas. Exprima el limón. Bata el zumo del limón con pimienta, el edulcorante y un poco de sal. Incorpore el aceite. Mezcle el aliño con los tomates y los plátanos. • Corte el cebollino en aritos y espárzalos sobre la ensalada. • Sirva las truchas en el papel de aluminio abierto y guarnézcalas con rodajas de limón. Sirva la ensalada en una fuente.

Platos de carne, con poca grasa

Comer con poco colesterol de ninguna manera quiere decir tener que renunciar a la carne. Pero hay que tener en cuenta qué variedad de carne se elige y cómo se prepara. Si compra, por ejemplo, pechuga o filete de pavo, filete de pechuga de pollo o tapa de buey va por el buen camino. Estas variedades son magras y deberían servirse como guarnición de platos de verduras o cereales.

Se ahorrará también muchas calorías si prepara la carne en una cazuela de terracota, en papel de aluminio o en película transparente para asar. Que le aproveche el pollo con piña a la cazuela (receta de la página 84) que aparece en esta página. O, si no, prepárese un ragú de pavo en la película transparente para asar y sírvalo con arroz integral o granos de cereal. ¡El intento merece la pena!

Broquetas de pavo y ciruelas pasas con salsa de canela

También está bueno con pechuga de pollo

Ingredientes para 4 personas:
200 g de ciruelas pasas deshuesadas
350 cc de agua
500 g de pechuga de pavo
20 g de aceite vegetal de alto valor nutritivo (2 cucharadas)
4 broquetas de madera
Pimienta blanca recién molida
Sal
Para la salsa de canela:
100 cc de crema de leche (10% mat. grasa)
250 cc del agua de remojo de las ciruelas pasas
1 cucharada de espesante dietético
1 cucharada de zumo de limón
$^1/_2$ cucharadita de canela en polvo
1 pizca de pimienta de Cayena
Sal

Por persona, unos
1400 kJ/330 kcal
32 g de proteínas · 9 g de grasas
29 g de hidratos de carbono
5 g de fibra · 84 mg de colesterol

Tiempo de remojo: 12 horas
Tiempo para adobar: 1 hora
Tiempo de preparación: 15 minutos

Enjuague las ciruelas y póngalas una noche en agua. ● Corte la carne en trozos del mismo tamaño, mézclala con el aceite y déjela reposar tapada durante 1 hora. ● Ponga a escurrir las ciruelas en un colador, recogiendo el agua. ● Precaliente el grill. ● Engrase broquetas de madera y ensarte luego en ellas alternativamente las ciruelas pasas y los trozos de carne. Condimente con pimienta y un poco de sal. Ponga las broquetas sobre la parrilla y áselas durante 4-6 minutos dándoles constantemente la vuelta. ● Caliente la crema en un cacito. Bata el agua de maceración con el espesante y añádalos a la crema. Reduzca la salsa, procurando que no hierva. Condiméntala con el zumo de limón, la canela, la pimienta de Cayena y un poco de sal. Combina bien con arroz integral, alforfón o mijo (recetas de las páginas 65 y 66).

Nuestra sugerencia: En vez de ciruelas, estas broquetas también están buenas con albaricoques, melocotones y peras secas.

Carne de pavo con verduras

Especialmente jugosa y muy sabrosa

Ragú de pavo en película transparente para asar

A la izquierda de la foto

Ingredientes para 4 personas:
500 g de filete de pavo
2 dientes de ajo
150 g de cebollas
4 rodajas de piña fresca
150 g de champiñones
20 g de rizoma de jengibre fresco
20 g de pasas sin tratar
20 g de coco rallado
20 g de crema de cacahuete sin endulzar
2 cucharadas de salsa de soja
1 cucharadita de curry en polvo
1 cucharadita de pimentón dulce
1 cucharadita de tomate concentrado
40 g de crema de leche (10% mat. grasa)
2 cucharadas de coñac
4 cucharadas de agua
1 bolsa transparente para asar de 30-40 cm de largo

Por persona, unos
1100 kJ/260 kcal
34 g de proteínas · 6 g de grasas
17 g de hidratos de carbono
3 g de fibra · 78 mg de colesterol

Tiempo de preparación:
35 minutos
Tiempo de cocción: 40 minutos

Corte la carne en tiras. Pique finamente las cebollas y los dientes de ajo. Trocee la piña. Corte los champiñones en rodajitas. Pele el jengibre y rállelo. • Mézclelo todo con las pasas y el coco rallado en una fuente. • Bata la crema de cacahuete con la salsa de soja, el curry, el pimentón, el tomate concentrado, la crema, el coñac y el agua y añada esto al resto de los ingredientes. • Métalo todo en la bolsa transparente para asar. Pinche la bolsa por arriba con un tenedor y póngala en un recipiente frío engrasado. Meta el ragú unos 40 minutos en el horno (abajo) a 200° (nivel de gas 4). Viértalo en una fuente y sírvalo con arroz integral.

Acelgas y zanahorias con filetes de pavo

A la derecha de la foto

Ingredientes para 4 personas:
4 filetes de pavo (unos 100 g cada uno)
20 g de aceite vegetal de alto valor nutritivo (2 cucharadas)
Pimienta blanca recién molida
1 kg de acelgas
400 g de zanahorias
2 dientes de ajo
20 g de grasa vegetal de alto valor nutritivo (2 cucharadas)
2 cucharaditas de curry en polvo
4 cucharadas de crema de leche (30% de mat. grasa)
1 cucharada de zumo de limón
Sal

Por persona, unos
1400 kJ/330 kcal
31 g de proteínas · 15 g de grasas
17 g de hidratos de carbono · 8 g de fibra · 71 mg de colesterol

Tiempo para adobar:
30-40 minutos
Tiempo de cocción: 20 minutos

Unte los filetes de pavo con el aceite, condiméntelos con pimienta, colóquelos unos sobre otros y déjelos reposar. • Trocee las acelgas y lávelas. Retire las hojas. Trocee los tallos. • Corte las zanahorias en tiritas. • Pele los ajos. Caliente la grasa vegetal. Sofría los tallos de acelga y las zanahorias. Añada el ajo pasándolo por el prensa ajos, incorpore el curry y siga sofriéndolo todo. Añada las hojas de acelga. Rehógelas de 12 a 15 minutos tapadas a fuego moderado. • Ponga a calentar a fuego mediano una sartén grande antiadherente. Fría en ella los filetes 5-6 minutos por cada lado. Apague el fuego y deje reposar la carne durante 1 minuto. • Mezcle las verduras con la carne y condimente con el zumo de limón, pimienta y un poco de sal. Sirva este plato con arroz integral o patatas cocidas al vapor.

Pollo asado con pimientos y coles de Bruselas

Preparado sin grasa y respetando sus propiedades nutritivas

Pollo con pimientos a la española

A la izquierda de la foto

Ingredientes para 4 personas:
1 pollo listo para asar
(unos 900 g)
$^1/_2$ cucharadita de pimentón
dulce en polvo
Pimienta negra
Sal
30 g de aceite de oliva
(3 cucharadas)
2 cucharadas de zumo de limón
150 g de pimientos rojos
y verdes respectivamente
150 g de cebollas
300 g de tomates
40 g de aceitunas verdes
rellenas de pimiento morrón
2 dientes de ajo
4 hojas frescas de salvia

Por persona, unos
1200 kJ/290 kcal
28 g de proteínas · 16 g de grasas
8 g de hidratos de carbono
4 g de fibra · 94 mg de colesterol

Tiempo de preparación:
50 minutos

Precaliente el horno a 175º (nivel de gas 3). ● Lave el pollo por dentro y por fuera, séquelo y córtelo por la mitad. Bata el pimentón, la pimienta y un poco de sal con el aceite de oliva y el zumo de limón. Unte con esto el pollo. Póngalo en una fuente refractaria y áselo en la parte inferior del horno unos 40 minutos. ● Entretanto, corte por la mitad los pimientos, despepítelos, lávelos y córtelos en tiras. Pele las cebollas y córtelas en aros. Escalde brevemente los tomates, pélelos y córtelos en rodajas. ● Añada las verduras al pollo unos 15 minutos antes de concluir el tiempo de cocción y deje que se siga haciendo todo junto. ● Corte las aceitunas en rodajitas. Pele los ajos y píquelos. Lave la salvia y píquela. Añádalo todo unos 5 minutos antes de que termine la cocción y hornee el pollo hasta que esté listo.

Pollo con piña a la cazuela

A la derecha de la foto

Ingredientes para 4 personas:
1 pollo (unos 900 g)
Pimentón dulce en polvo
Sal
1 lata de rodajas de piña
en su jugo (unos 230 g)
2 cucharadas de coñac
1 kg de coles de Bruselas
10 g de crema vegetal dietética
Pimienta
$^1/_8$ l de agua
200 g de plátanos
Pimienta de Cayena
10 g de crema vegetal dietética
1 limón
40 g de crema de leche
(10% mat. grasa)
1-2 cucharadas de medida
de espesante dietético

Por persona, unos
1700 kJ/400 kcal
39 g de proteínas · 13 g de grasas
28 g de hidratos de carbono
13 g de fibra · 97 mg de colesterol

Tiempo de preparación:
10 minutos
Tiempo de cocción: 1 $^1/_4$ horas

Ponga la cazuela de terracota en agua durante 15 minutos. ● Frote el pollo con pimentón y un poco de sal. Ponga a escurrir la piña, retenga el jugo y trocee las rodajas. Rellene el pollo con la mitad de la piña, póngalo en la cazuela y viértale el coñac por encima. Distribuya el resto de la piña alrededor. ● Colóquela en la parte inferior del horno frío. Hornee el pollo a 240º durante 1 $^1/_4$ horas. ● Limpie las coles de Bruselas. ● Caliente la grasa y déle unas vueltas ahí a la coles. Condimente con un poco de sal y pimienta, eche el agua y cueza las coles en 20 minutos. ● Corte los plátanos por la mitad a lo largo. Écheles pimienta de Cayena. Caliente la grasa y fría en ella los plátanos. Exprima el limón sobre ellos. ● Caliente el fondo de cocción del asado con el zumo de piña. Bata 6 cucharadas del mismo con la crema y el espesante y ligue la salsa.

Plátano al curry sobre pechuga de pollo

El curry, el romero y el tomillo determinan el aroma

Ingredientes para 4 personas:
1 limón
4 filetes de pechuga de
pollo (unos 100 g cada uno)
Pimienta blanca recién molida
Sal
$^1/_2$ cucharadita de romero
y tomillo secos, respectivamente
400 g de plátanos pelados
2 dientes de ajo
30 g de aceite de sésamo,
reemplazable por aceite
vegetal de alto valor
nutritivo (3 cucharadas)
3 cucharaditas de curry en polvo
$^1/_8$ l de vino blanco seco
o caldo de verduras
5 g de coco rallado (1 cucharada)

Por persona, unos
1200 kJ/290 kcal
24 g de proteínas · 9 g de grasas
23 g de hidratos de carbono
2 g de fibra · 60 mg de colesterol

Tiempo de preparación:
40 minutos
Tiempo de cocción: 30 minutos

L ave el limón con agua caliente y séquelo. Ralle una
capa fina de cáscara y resérvela.
Corte el limón por la mitad y exprímalo. • Ponga los filetes de pollo en una fuente llana, écheles 2
cucharadas del zumo del limón y
condiméntelos con un poco de
sal y pimienta. Pulverice el romero y el tomillo y espárzalos por
encima de las pechugas. Tape la
carne y déjela reposar unos 30
minutos. • Pele los plátanos,
aplástelos bien con un tenedor y
revuélvalos con el resto del zumo
de limón. • Pele los dientes de
ajo. Caliente el aceite en una sartén. Seque la carne y sofríala a
fuego vivo por ambos lados. Coloque los filetes uno al lado del
otro en una fuente refractaria. •
Precaliente el horno a 240° (nivel
de gas 5). • Eche los ajos en la
sartén una vez pasados por el
prensa ajos y sofríalos. Añada el
curry, el puré de plátano y la corteza de limón, caliéntelo todo y
distribúyalo sobre la carne. Vierta
el vino en la fuente. Meta las pechugas en el centro del horno durante 20 minutos. Esparza luego
los copos de coco por encima del
pollo y gratine.

Verduras chinas con carne de pollo

Va bien con arroz integral o cereales cocidos

Ingredientes para 4 personas:
400 g de pechuga de pollo
Para el adobo:
1 limón
2 dientes de ajo
20 g de rizoma de jengibre
fresco o $^1/_2$ cucharadita de
jengibre en polvo
4 cucharadas de salsa de soja
8 gotas de tabasco
400 g de zanahorias
200 g de pimientos verdes
150 g de puerro
100 g de brotes de soja frescos
40 g de aceite de sésamo
o aceite vegetal de alto valor
nutritivo (4 cucharadas)
$^1/_4$ l de caldo de verduras
4 cucharadas de jerez seco
2 cucharadas de medida de
espesante dietético

Por persona, unos
1200 kJ/290 kcal
27 g de proteínas · 12 g de grasas
15 g de hidratos de carbono
5 g de fibra · 60 mg de colesterol

Tiempo de preparación:
40 minutos
Tiempo de elaboración:
40 minutos

Corte la carne en tiras. ●
Lave y seque el limón. Ralle
la corteza. Exprima el limón. Pase
los ajos por el prensa ajos. Pele el
jengibre y rállelo. Mézclelo con la
salsa de soja y el tabasco. Ponga
la carne a adobar en la mezcla tapada durante unos 30 minutos.
● Corte las zanahorias en rodajas
finas. Cuartee los pimientos, quíteles las pepitas y córtelos en tiras. Prepare el puerro, lávelo y
córtelo en aros. Prepare los brotes, lávelos y póngalos a escurrir.
● Caliente 2 cucharadas de aceite. Fría en él las zanahorias y los
pimientos durante unos 6 minutos. Añada el puerro y fríalo también brevemente. Caliente el resto del aceite en una segunda
sartén y fría la carne de pollo con
su adobo unos 6 minutos. Mezcle
la carne y los brotes con las verduras. Mezcle el jerez y el espesante y viértalo en la sartén. Espese la salsa removiendo, pero
procure que no vuelva a hervir.

Chile con carne

Judías con carne de buey picada

Verduras con tapa de buey

Especialidad vienesa

Ingredientes para 4 personas:
100 g de cebollas
200 g de pimientos rojos
20 g de aceite vegetal de alto valor nutritivo (2 cucharadas)
300 g de carne picada (carne de buey)
$^1/_4$ l de caldo de carne
2 latas de judías preparadas en salsa de tomate (unos 400 g cada una)
$^1/_4$ de cucharadita de chile o guindilla en polvo
Pimienta negra recién molida
Sal

Por persona, unos
1400 kJ/330 kcal
26 g de proteínas · 10 g de grasas
34 g de hidratos de carbono
19 g de fibra · 53 mg de colesterol

Tiempo de preparación:
50 minutos

Pele y pique finamente las cebollas. Cuartee los pimientos, quíteles las pepitas y córtelos en tiras finas. Caliente el aceite en una cacerola. Sofría ahí la cebolla, añada luego las tiras de pimiento y sofríalas también brevemente, removiendo. Añada la carne y sofríala unos 5 minutos, removiendo. Vierta el caldo de carne y déjelo cocer todo tapado durante 10 minutos. Incorpore las judías, condimente con el chile en polvo y deje cocer todo otros 10 minutos, tapado y a fuego lento. Condimente con pimienta y un poco de sal. Acompañe las judías con pan integral de barra.

Nuestra sugerencia: Si prefiere este plato con más líquido, eche $^1/_2$ l de caldo de gallina en vez de $^1/_4$ l. También puede sustituir la carne por trocitos secos de soja oscura. Remoje los trocitos de soja en 200 cc de caldo caliente de carne o de verduras. En este caso, el plato carece de colesterol y contiene unas 310 kcal por ración.

Ingredientes para 4 personas:
$^3/_4$ de l de caldo de verduras
1 loncha gruesa de tapa de buey (400 g)
500 g de patatas
300 g de zanahorias
200 g de puerro
Pimienta negra recién molida
Sal
1 manojo de perejil
4 cucharadas de raiforte recién rallado

Por persona, unos
1300 kJ/310 kcal
27 g de proteínas · 9 g de grasas
30 g de hidratos de carbono
7 g de fibra · 70 mg de colesterol

Tiempo de preparación: 1 hora

Ponga a hervir el caldo. Hierva la carne en el caldo durante 20 minutos tapada y a fuego moderado. ● Lave las patatas y las zanahorias, pélelas y trocéelas. Transcurridos los 20 minutos, échelas a la carne y cuézalo todo tapado otros 20 minutos. ● Prepare el puerro, lávelo a fondo, córtelo en aros y añada éstos a la cocción los últimos 5 minutos. ● Condimente el caldo con pimienta y un poco de sal. ● Lave el perejil, escúrralo y píquelo finamente. ● Pele el raiforte y rállelo finamente. ● Saque la carne del caldo y córtela en lonchas finas. Bata el raiforte con 4 cucharadas del caldo y échelo sobre la carne. Esparza el perejil sobre las verduras y sirva éstas con la carne. Acompañe el plato con pan moreno.

Entradas y tentempiés

En estas páginas encontrará refinados manjares para matar el hambre entre comidas o para tomar un aperitivo en la oficina. Ya se trate de unas rodajas de pimiento rellenas de aguacate (página 94) o de unas fichas de dominó de pan negro (página 98), todas las recetas son fáciles de preparar e ideales para llevar consigo a cualquier sitio. También saben estupendamente la ensalada india al curry o la ensalada de champiñón y piña. Las dos se preparan con soja. Este producto, que tiene múltiples posibilidades de empleo, puede adquirirse en las tiendas de artículos dietéticos. Contiene muchas proteínas de alto valor nutritivo, importantes sustancias minerales y vitamina B.

El capítulo es coronado con pequeños bocaditos y sabrosas pastas para untar a base de requesón. Pruebe también las que están echas con ingredientes desacostumbrados. Seguro que le gustan las pastas de garbanzos o de harina de soja, que pueden untarse en el pan o en verduras crudas.

Lenguado en gelatina de vino blanco

Pescado en gelatina, una delicada entrada

Ingredientes para 4 personas:
1 escalonia
$^1/_4$ l de caldo claro de verduras
5 cucharadas de vino blanco seco
1 hoja de laurel
4 granos de pimienta blanca
4 filetes de lenguado (unos 80 g cada uno)
1 limón
4 láminas de gelatina blanca
1 manojo de eneldo
Sal

Por persona, unos
390 kJ/93 kcal
16 g de proteínas · 1 g de grasas
1 g de hidratos de carbono
0 g de fibra · 48 mg de colesterol

Tiempo de preparación:
50 minutos
Tiempo de cocción: 2 horas

Pele la escalonia. Ponga a hervir el caldo de verduras con el vino blanco, la hoja de laurel, los granos de pimienta y la escalonia y deje que hierva en el recipiente destapado durante 5 minutos. ● Cuele el caldo y vuelva a ponerlo al fuego. Eche en él los filetes de lenguado y déjelos 3 minutos, procurando que el líquido no hierva. ● Saque los filetes de pescado del recipiente con una espumadera y déjelos enfriar. ● Pele el limón y córtelo en rodajas finas, quitando las pepitas. ● Remoje la gelatina en agua fría. ● Lave el eneldo, escúrralo y divídalo en ramitas pequeñas. ● Disponga los filetes de pescado con las rodajas de limón y las ramitas de eneldo en una fuente llana o en 4 fuentecitas pequeñas. ● Caliente $^1/_4$ l del caldo del pescado. Exprima la gelatina y deslíela ahí, retire el caldo del fuego y condiméntelo con un poco de sal. ● Meta el recipiente en agua con cubitos de hielo y remueva el caldo hasta que comience a gelatinizarse. Vierta la gelatina sobre los filetes de pescado y métalo en el frigorífico para que acabe de solidificarse.

Nuestra sugerencia: Pueden utilizarse también filetes de trucha en vez de lenguado.

90

Carpaccio de salmón con vinagreta y perifollo

Una entrada refinada

Pastel de caballa

La grasa de la caballa es especialmente valiosa

Ingredientes para 4 personas:
200 g de salmón fresco
en lonchas muy finas
1 cucharada de alcaparras
¹/₂ manojo de perifollo
Pimienta negra
groseramente molida
Para la vinagreta:
20 g de aceite vegetal de alto
valor nutritivo (2 cucharadas)
1 cucharada de vinagre
de vino blanco
1 cucharada de limón
2 cucharadas de vino blanco seco
1-2 gotas de edulcorante líquido
Sal

Por persona, unos
620 kJ/150 kcal
10 g de proteínas · 12 g de grasas
0 g de hidratos de carbono
0 g de fibra · 18 mg de colesterol

Tiempo de preparación:
10 minutos

Disponga el salmón en 4 platos. Pique las alcaparras finamente. Lave el perifollo, escúrralo y píquelo también finamente. Esparza sobre el salmón las alcaparras, el perifollo y la pimienta. ● Para la vinagreta, bata el aceite con el vinagre, el zumo de limón y el vino blanco y condimente con el edulcorante y un poco de sal. Rocíe las lonchas de salmón con la vinagreta. Sirva el carpaccio con pan integral de barra, tostadas integrales o panecillos.

Nuestra sugerencia: Es conveniente pedir que le corten el salmón en lonchas en la propia pescadería.

Información sobre el salmón: El salmón contiene un poco más de grasa que otros pescados de agua dulce. No obstante, es un pescado muy valioso, pues tiene muchos ácidos grasos 3-omega. Los ácidos grasos 3-omega mejoran la fluidez de la sangre. En el caso de los pescados marinos, los ácidos grasos 3-omega se encuentran en abundancia particularmente en la grasa de la caballa y el arenque.

Ingredientes para 4 personas:
450 g de caballa ahumada (unos
300 g de carne sin espinas ni piel)
100 g de requesón magro
100 g de crema de soja neutra
(tiendas de productos dietéticos)
1 cucharada de zumo de limón
1 manojo de eneldo
3 láminas de gelatina blanca
3 cucharadas de agua
Pimentón dulce
Pimienta negra recién molida
Sal

Por persona, unos
860 kJ/200 kcal
21 g de proteínas · 12 g de grasas
3 g de hidratos de carbono
0 g de fibra · 17 mg de colesterol

Tiempo de preparación:
30 minutos
Tiempo de cuajado:
por lo menos 3 horas

Quite la piel y las espinas a la caballa y reduzca a puré la carne en el robot o picadora, junto con el requesón, la crema de soja y el zumo de limón. Lave el eneldo y escúrralo. Reserve una rama de eneldo. Pique el resto muy finamente. ● Remoje la gelatina en agua fría unos 5 minutos, exprímala y deslíala calentándola en las 3 cucharadas de agua. Mezcle bien la gelatina con la masa de pescado. Condimente con el eneldo picado, el pimentón, la pimienta y un poco de sal. Coloque la rama de eneldo en un molde y vierta ahí la masa. Deje cuajar la masa poniéndola en el frigorífico durante 3 horas, como mínimo. Antes de servir, meta el molde unos instantes en agua caliente o desprenda el pastel del borde del molde sirviéndose de un cuchillo. Vuelque el pastel, córtelo en 8 trozos del mismo tamaño y sírvalos con pan integral de barra y ensalada.

Nuestra sugerencia: En lugar de caballa, también puede utilizar trucha o salmón ahumados.

Ensalada de puerros y brécoles con champiñones

Cómala con pan integral

Ingredientes para 4 personas:

800 g de brécoles

200 g de puerros

200 g de champiñones

100 g de pechuga de pavo
ahumada, sin piel

Para la salsa de la ensalada:

20 g de aceite de sésamo
(2 cucharadas)

2 cucharadas de salsa de soja

4 cucharadas de vinagre

2 cucharadas del agua de
cocción de los brécoles

1 pizca de ajo en polvo

1 pizca de jengibre en polvo

Sal

Por persona, unos
580 kJ/140 kcal
15 g de proteínas · 6 g de grasas
6 g de hidratos de carbono
8 g de fibra · 15 mg de colesterol

Tiempo de preparación:
50 minutos

Prepare el brécol y sepárelo en ramitos. Retire las hojas bastas y gruesas y conserve las hojitas tiernas. Pele el tronco y córtelo en tiritas finas. Lave los ramitos de brécol y algunas hojitas tiernas bajo el agua corriente fría. • Lave el puerro, pártalo en dos y lávelo muy bien bajo el agua corriente. Corte el puerro en tiras finas. • Prepare los champiñones, cortándoles un poco los pies, lávelos y córtelos en rodajitas finas. • Corte la pechuga de pavo en dados pequeños. • Eche el brécol en un poco de agua ligeramente sazonada e hiérvalo tapado durante 6 minutos. Póngalo luego en un colador y déjelo escurrir, recogiendo un poco del agua de cocción. Bata el aceite de sésamo con la salsa de soja, el vinagre, el agua de cocción de los brécoles, el ajo, el jengibre en polvo y un poco de sal. • Eche en una fuente para ensalada los brécoles escurridos, el puerro, los champiñones y la pechuga de pavo. Vierta por encima la salsa, mézclelo todo con cuidado y sírvalo inmediatamente.

Nuestra sugerencia: los brécoles pueden cocerse al vapor en una vaporera con cesta, de este modo se conservan sus propiedades nutritivas (página 24).

Ensaladas con jamón y pechuga de pollo

Acompáñelas de pan integral tostado

Ensalada caliente de espinacas con jamón y piñones
A la izquierda de la foto

Ingredientes para 4 personas:
1 kg de espinacas frescas
100 g de jamón
20 g de aceite de oliva
(2 cucharadas)
10 g de pasas (1 cucharada)
20 g de piñones (2 cucharadas)
Para la salsa de la ensalada:
20 g de aceite de oliva
(2 cucharadas)
2 cucharadas de zumo de limón
Pimienta blanca recién molida
Sal

Por persona, unos
890 kJ/210 kcal
14 g de proteínas · 14 g de grasas
5 g de hidratos de carbono
10 g de fibra · 17 mg de colesterol

Tiempo de preparación:
35 minutos

Prepare las espinacas, quíteles los tallos largos y lávelas. • Llene con agua las dos terceras partes de una olla grande y llévela a ebullición. • Entre tanto, vaya cortando el jamón en dados pequeños. Para la salsa de la ensalada, bata el aceite de oliva con el zumo de limón, pimienta y un poco de sal. • Eche las espinacas en el agua hirviendo y déjelas hervir de 3-5 minutos para que las hojas se ablanden. Eche las espinacas en un colador y déjelas escurrir. Caliente el aceite en una sartén. Añada los dados de jamón, las pasas y los piñones y tuéstelo todo ligeramente. Eche las espinacas en la sartén y mézclelas con los dados de jamón, las pasas y los piñones. Añada la salsa de la ensalada y vuelva a revolverlo todo de nuevo. Sirva la ensalada caliente.

Nuestra sugerencia: Puede suprimir el jamón y servir las espinacas como guarnición de carne de ave frita o pescado.

Ensalada de manzana y verduras con pechuga de pollo ahumada
A la derecha de la foto

Ingredientes para 4 personas:
100 g de rábanos
100 g de zanahorias
100 g de brotes de soja
200 g de puerro
400 g de manzanas ácidas
2 cucharadas de vinagre
de manzana
20 g de aceite de sésamo o
aceite vegetal de alto valor
nutritivo (2 cucharadas)
1 cucharada de salsa de soja
Pimienta blanca recién molida
Sal
10 g de semillas de sésamo
(2 cucharadas)
200 g de pechuga de pollo
ahumada

Por persona, unos
800 kJ/190 kcal

15 g de proteínas · 8 g de grasas
15 g de hidratos de carbono
5 g de fibra · 30 mg de colesterol

Tiempo de preparación:
30 minutos

Pele los rábanos y las zanahorias. Prepare los brotes de habas de soja, lávelos en un colador y déjelos escurrir bien. • Prepare el puerro, lávelo a fondo y córtelo en aros finos incluyendo la parte verde clara. Pele las manzanas. • Prepare una salsa batiendo el vinagre, el aceite, la salsa de soja, pimienta y un poco de sal. • Ralle groseramente las zanahorias, los rábanos y las manzanas, mézclelo todo con el puerro y los brotes de soja. Vierta la salsa por encima y mezcle bien con las verduras y las manzanas. • Tueste ligeramente las semillas de sésamo en una sartén seca hasta que despidan un aroma agradable, déjelas luego enfriar. • Corte la pechuga de pollo en tiras muy finas e incorpórelas a la ensalada. Sirva la ensalada en los platos y aderécela con las semillas de sésamo.

Rodajas de pimiento relleno de aguacate

Acompáñelas con pan de barra integral

Ingredientes para 4 personas:
1 pimiento rojo y 1 verde
(de unos 200 g cada uno)
1 aguacate maduro (unos 200 g de carne)
2 cucharadas de zumo de limón
4 láminas de gelatina blanca
2 dientes de ajo
1 cucharada de salsa de soja
100 cc de agua caliente
Pimienta negra recién molida
Sal
2 cucharadas de eneldo picado
40 g de aceitunas negras
(unas 4 unidades)
Hojas frescas de menta

Por persona, unos
650 kJ/155 kcal
2 g de proteínas · 15 g de grasas
3 g de hidratos de carbono
3 g de fibra · 0 mg de colesterol

Tiempo de preparación:
20 minutos
Tiempo para enfriar:
como mínimo 4 horas

Recorte una tapa en los pimientos por la parte del rabillo, quite las pepitas, lave los pimientos y séquelos bien. • Corte el aguacate a lo largo alrededor del hueso. Gire las mitades en dirección contraria hasta que se desprendan. Extraiga el hueso. Desprenda la carne de la fruta de la cáscara sirviéndose de una cucharita y viértale el zumo de limón. • Remoje la gelatina unos 5 minutos en agua fría. Pele los dientes de ajo y añádalos a la carne de aguacate pasándolos por el prensa ajos. Agregue la salsa de soja y bátalo todo hasta formar una crema lisa. Exprima la gelatina, disuélvala en el agua caliente, añádala a la crema de aguacate y bátalo todo bien con la batidora eléctrica. Condimente la crema con pimienta y un poco de sal. Incorpore el eneldo. Rellene los pimientos con la preparación, envuélvalos con película de plástico transparente y métalos unas 4 horas en el frigorífico. Quíteles luego la película transparente y córtelos en rodajas de aproximadamente 1 cm de grosor. Sirva las rodajas en platos. • Corte las aceitunas en rodajas. Lave la menta y séquela. • Adorne el pimiento con las aceitunas y las hojas de menta.

Verduras en ensalada y en gelatina

Aperitivos ligeros o finos entrantes

Ensalada de cebollas con brotes y rabanitos
A la izquierda de la foto

Ingredientes para 4 personas:
400 g de patatas
200 g de brotes de soja
150 g de cebollas tiernas
$^1/_8$ l de caldo de verduras
4 cucharadas de vinagre de sidra
1 manojo de rabanitos
1 manojo de cebollino
Pimienta blanca recién molida
Sal
20 g de aceite vegetal de alto valor nutritivo (2 cucharadas)

Por persona, unos
600 kJ/140 kcal
5 g de proteínas · 6 g de grasas
18 g de hidratos de carbono
4 g de fibra · 0 mg de colesterol

Tiempo de preparación:
50 minutos

L ave las patatas y cuézalas con su piel durante 20 minutos en agua ligeramente sazonada, échelas luego en un colador y déjelas escurrir. • Entre tanto, prepare los brotes de soja, lávelos en un colador y déjelos escurrir. • Prepare las cebollas, lávelas y córtelas en aros. Eche ambos en una fuente. • Ponga a hervir el caldo de verduras, mézclelo con 2 cucharadas de vinagre y viértalo sobre la cebolla y los brotes. Déjelo reposar todo unos instantes. • Pele las patatas, córtelas en rodajas, mézclelas con las verduras y deje reposar unos 10 minutos. • Prepare los rabanitos, límpielos y córtelos en rodajitas. Lave el cebollino y córtelo en aritos. Añada ambos a la ensalada. • Bata el resto del vinagre con pimienta y un poco de sal. Incorpore luego el aceite poco a poco. Vierta el aliño sobre la ensalada y mézclelo todo con cuidado.

Verdura en gelatina
A la derecha de la foto

Ingredientes para 4 personas:
400 cc de agua
Sal
300 g de verduras para sopa congeladas
2 pepinillos en vinagre pequeños
$^1/_2$ manojo de eneldo
4-5 cucharadas de vinagre
Edulcorante líquido
1 cucharadita colmada de Agar-Agar (de venta en establecimientos de productos dietéticos)
50 cc de agua
Para guarnecer:
4 hojas de lechuga

Por persona, unos
110 kJ/26 kcal
2 g de proteínas · 0 g de grasas
4 g de hidratos de carbono
2 g de fibra · 0 mg de colesterol

Tiempo de preparación:
40 minutos
Tiempo de cuajado: 2 horas

E che un poco de sal en el agua y póngala a hervir. Hierva ahí las verduras para sopa 10 minutos hasta que estén «al dente». • Eche la verdura en un colador y déjela escurrir. Retenga el agua de la cocción y añádale más hasta obtener $^1/_2$ l. • Pique finamente los pepinillos. • Lave el eneldo, escúrralo y desprenda las hojitas de los tallos. Mezcle los pepinillos y el eneldo con las verduras. • Condimente el agua de cocción con el vinagre, edulcorante y un poco de sal. • Deslíe los polvos de Agar-Agar en el agua e incorpórelos al caldo de verduras. Caliéntelo todo removiendo y déjelo luego enfriar. Cubra la base de 4 cuencos con el líquido, vaya añadiendo alternativamente verduras y líquido, procurando que la última capa sea de líquido. • Deje enfriar los cuencos de verdura y métalas luego 2 horas en el frigorífico para que se gelatinicen. • Para servirlas, vuelque los cuencos y dispóngalos sobre las hojas de lechuga. Adórnelas con una salsa de requesón y hierbas.

Ensaladas finas con soja

Las tiras de soja, se adquieren en las tiendas de productos dietéticos

Ensalada india al curry

A la izquierda de la foto

Ingredientes para 4 personas:
$^1/_2$ l de caldo de verduras	
80 g de tiras de soja seca oscura	
150 g de plátanos	
150 g de manzanas rojas	
2 cucharadas de zumo de limón	
100 g de yogur (1,5% mat. grasa)	
100 g de crema de leche (10% mat. grasa)	
1 cucharadita de curry en polvo	
1 pizca de pimienta blanca recién molida	
Sal	
Edulcorante líquido	

Por persona, unos
640 kJ/150 kcal
16 g de proteínas · 4 g de grasas
14 g de hidratos de carbono
6 g de fibra · 10 mg de colesterol

Tiempo de remojo: 15 minutos
Tiempo de cocción: 15 minutos
Acabado: 5 minutos
Tiempo de reposo: 30 minutos

Ponga a hervir el caldo de verduras. Eche las tiras de soja en el caldo caliente. Retire el caldo del fuego y remoje las tiras de soja 15 minutos. • Ponga a hervir las tiras de soja en el líquido de remojo (se hinchan hasta adquirir 3 veces su volumen). Déjelas cocer unos 15 minutos tapadas y a fuego lento. • Entretanto, pele los plátanos y córtelos en rodajas. Lave las manzanas con agua templada, córtelas en octavos y trocéelas quitándoles el corazón. Mezcle el plátano con las manzanas y el zumo de limón. • Bata el yogur, la crema agria y el curry, procurando obtener una mezcla cremosa, y condiméntela con la pimienta, un poco de sal y edulcorante. • Eche las tiras de soja en un colador, enjuáguelas con agua fría del grifo y déjelas escurrir bien. Mézclelas luego con las frutas y la crema de yogur. Deje reposar la ensalada por lo menos 30 minutos.

Ensalada de champiñón y piña

A la derecha de la foto

Ingredientes para 4 personas:
400 cc de caldo de verduras	
80 g de tiras de soja seca clara	
200 g de champiñones frescos	
100 g de piña fresca o de piña de lata sin azúcar	
2 cucharadas de zumo de limón	
150 g de yogur (1,5% mat. grasa)	
50 g de crema agria (24% mat. grasa)	
5 chorritos de salsa Worcester	
1 pizca de pimienta blanca	
Edulcorante líquido	
Sal	

Por persona, unos
490 kJ/120 kcal
17 g de proteínas · 3 g de grasas
7 g de hidratos de carbono
5 g de fibra · 6 mg de colesterol

Tiempo de remojo: 15 minutos
Tiempo de cocción: 15 minutos
Acabado: 5 minutos
Tiempo de reposo: 30 minutos

Ponga a hervir el caldo de verduras. Eche las tiras de soja en el caldo caliente. Retire el caldo del fuego y remoje en él las tiras de soja unos 15 minutos. • Ponga a hervir las tiras de soja en el líquido de remojo, cuézalas luego unos 15 minutos tapadas y a fuego lento. • Entretanto, prepare los champiñones, lávelos si es necesario y séquelos, para cortarlos después en rodajitas finas. Trocee la piña. Mezcle los champiñones, los trozos de piña y el zumo de limón. • Bata el yogur con la crema agria hasta obtener una masa cremosa. Condiméntela con la salsa Worcester, la pimienta, el edulcorante y un poco de sal. • Enjuague las tiras de soja con agua fría y déjelas enfriar. Mézclelas luego con la preparación de champiñón y piña y la crema de yogur. • Deje reposar la ensalada por lo menos 30 minutos.

Tomates rellenos de salvado de avena

Una entrada rica en fibras

Ingredientes para 4 personas:
100 g de salvado de avena con germen
200 cc de agua
1 kg de tomates para ensalada (unos 4 del mismo tamaño)
Sal
100 g de cebollas tiernas
1 manojo de perejil
2 tallos de menta fresca
20 g de aceite de oliva (2 cucharadas)
2 cucharadas de zumo de limón
Pimienta negra recién molida
20 g de berros (1 cajita)

Por persona, unos
840 kJ/200 kcal
7 g de proteínas · 8 g de grasas
26 g de hidratos de carbono
10 g de fibra · 0 mg de colesterol

Tiempo de preparación:
30 minutos
Tiempo de reposo: 1 hora

Deje remojar el salvado de avena unos 15 minutos en el agua. • Lave y seque los tomates. Recorte una tapa de cada tomate y extráigales con cuidado la carne del interior utilizando una cucharita. Sazone ligeramente los tomates por dentro y déjelos reposar. • Machaque la carne extraída de los tomates. Prepare las cebollas tiernas, lávelas y séquelas. Corte las partes verdes en aritos y pique el resto. Lave el perejil y la menta, escúrralos y píquelos finamente. • Mezcle el salvado de avena con la carne de los tomates, la cebolla, el perejil y la menta. Incorpore el aceite y el zumo de limón. Condimente con pimienta y un poco de sal. Rellene con ello los tomates. Póngales la tapa y deje que se enfríen en el frigorífico por lo menos 1 hora. Disponga los tomates sobre una base de berros y sírvalos.

Nuestra sugerencia: En vez de salvado de avena con germen, también puede utilizar copos de avena integral molidos groseramente.

Finos bocaditos de crema

Las cremas vegetales no tienen colesterol

Canapés de pan de centeno con crema de pimientos
A la izquierda de la foto

Ingredientes para 4 personas:
125 g de crema vegetal · sal
100 g de pimiento rojo · pimienta
20 g de pepinillo en vinagre
Pimentón dulce · 30 g de cebolla
200 g de pan de centeno integral
2 cucharadas de aritos
de cebollino · 100 g de requesón

Cada unidad
410 kJ/98 kcal
4 g de proteínas · 3 g de grasas
13 g de hidratos de carbono
2 g de fibra · 0 mg de colesterol

Tiempo de preparación:
15 minutos

Bata la crema con el requesón. • Pique la cebolla. Parta por la mitad el pimiento, trócelo con pepinillo y agréguelo todo con la crema y con la cebo-lla. Condimente con pimienta, pimentón y un poco de sal. • Unte el pan y adérecelo con los aritos de cebollino.

Fichas de dominó con pan negro
En el centro de la foto

Ingredientes para 4 personas:
180 g de pan negro de Westfalia
125 g de crema vegetal con
hierbas · 1 manojo de rabanitos
100 g de queso crema fresco
«light» · ¹/₂ cajita de berros
Pimienta blanca · 1 diente de ajo

Cada unidad
450 kJ/110 kcal
4 g de proteínas · 5 g de grasas
12 g de hidratos de carbono
2 g de fibra · 6 mg de colesterol

Tiempo de preparación:
15 minutos
Tiempo de reposo: 1 hora

Separe las rebanadas de pan negro. • Bata la crema de hierbas con una cuarta parte del queso fresco. Pele el diente de ajo. Corte los berros, enjuáguelos con agua fría y escúrralos. • Añada el ajo al resto del queso fresco pasándolo por el prensa ajos y mézclelo con los berros. Condimente la crema con pimienta. Unte una rebanada de pan negro con la mitad de la crema con hierbas, unte una segunda rebanada con la crema de berros y póngala sobre la primera. Unte la tercera rebanada con el resto de la crema de hierbas y colóquela sobre la segunda. Coloque la última rebanada encima de las otras. • Envuélvalo todo con papel de aluminio y déjelo 1 hora en lugar frío. • Corte el pan por la mitad. Corte cada mitad en cuatro partes (8 unidades). Limpie los rabanitos, y sírvalos con las fichas de dominó.

Doblones de pan integral
A la derecha de la foto

Ingredientes para 4 personas:
16 rebanadas redondas
de pan integral · Pimienta
125 g de crema vegetal fina
100 g de tofu cremoso
1 cucharadita de pasta
de anchoas · 300 g de tomates
2 cucharaditas de alcaparras
¹/₂ cucharadita de pimentón

Cada unidad
230 kJ/55 kcal
2 g de proteínas · 2 g de grasa
6 g de hidratos de carbono
1 g de fibra · 0 mg de colesterol

Tiempo de preparación:
15 minutos

Reduzca a puré la crema vegetal junto con el tofu, la pasta de anchoas y la mitad de las alcaparras. Condimente con el pimentón y la pimienta. Coloque la crema sobre el pan sirviéndose de una manga pastelera. • Adorne los doblones con el resto de las alcaparras. • Corte los tomates en rodajas y coloque los doblones sobre ellas.

Cremas de requesón para untar

Ricas en proteínas y pobres en grasas

Requesón con alcaparras y aceitunas
A la izquierda de la foto

Ingredientes para 4 personas:
500 g de requesón magro
5 cucharadas de cerveza
2 cucharaditas de mostaza no muy picante
1 cucharadita de pimentón dulce
$^1/_2$ cucharadita de comino molido
Pimienta de Cayena
80 g de cebolla
2 cucharaditas de alcaparras
20 g de aceitunas verdes
Sal

Por persona, unos
460 kJ/110 kcal
7 g de proteínas · 1 g de grasas
6 g de hidratos de carbono
1 g de fibra · 1 mg de colesterol

Tiempo de preparación:
15 minutos
Tiempo de reposo: 12 horas

Bata el requesón con la cerveza, la mostaza, el pimen-tón, el comino y la pimienta de Cayena. • Pique la cebolla, las alcaparras y las aceitunas e incor-pórelas al requesón. Sazone lige-ramente. Deje reposar el reque-són en el frigorífico una noche.

Crema de queso con cebolla
Al fondo de la foto

Ingredientes para 4 personas:
250 g de requesón descremado (10% mat. grasa)
200 g de queso fresco granulado (20% mat. grasa)
150 g de cebollas tiernas
1 manojo de cebollino
Pimienta blanca recién molida
Sal

Por persona, unos
480 kJ/110 kcal
15 g de proteínas · 4 g de grasas
5 g de hidratos de carbono
2 g de fibra · 20 mg de colesterol

Tiempo de preparación:
15 minutos
Tiempo de reposo: 12 horas

Bata el requesón descremado con el queso fresco. • Corte la cebolla en aros y el cebollino en aritos. • Bata el queso con el cebollino, la cebolla, la pimienta y un poco de sal. Deje reposar la crema en el refrigerador una noche.

Bolitas de queso suizas
A la derecha de la foto

Ingredientes para 4 personas:
250 g de requesón descremado
200 g de queso crema fresco «light»
10 g de queso de hierbas suizo o parmesano rallado (4 cucharaditas)
Pimienta y pimentón dulce
Para servir:
4 moldecitos de papel o papel de aluminio

Por persona, unos
610 kJ/150 kcal
14 g de proteínas · 8 g de grasas
5 g de hidratos de carbono
0 g de fibra · 26 mg de colesterol

Tiempo de preparación:
5 minutos
Tiempo de reposo: 1 hora
Acabado: 10 minutos

Bata el requesón con el que-so crema y el queso de hier-bas. • Ponga la masa de queso durante una hora en lugar frío. • Recorte la película transparente en 4 cuadrados de de 20 x 20 cm y espolvoree dos con pimienta y los otros dos con pimentón. • Di-vida la masa de queso en 4 partes iguales y envuelva cada una en un cuadrado de película transpa-rente. Una las esquinas apretan-do y forme así cuatro bolitas de queso. Las bolitas de queso tie-nen que quedar cubiertas por to-dos lados de pimienta y pimen-tón, respectivamente. • Quite los cuadrados de película transparen-te y sirva las bolitas en moldecitos de papel o papel de aluminio.

Pastas para untar a base de garbanzos

Con los garbanzos pueden realizarse múltiples recetas

Hummus, pasta de garbanzos con sésamo

A la izquierda de la foto

Ingredientes para 4 personas:
100 g de garbanzos
$^3/_8$ l de agua
1 hoja de laurel
2 cucharadas de zumo de limón
1 diente de ajo grande
30 g de pasta de sésamo
(2 cucharadas)
10 g de aceite de oliva
(1 cucharada)
Sal
1 manojo de perejil liso

Por persona, unos
640 kJ/150 kcal
7 g de proteínas · 7 g de grasas
15 g de hidratos de carbono
3 g de fibra · 0 mg de colesterol

Tiempo de remojo: 12 horas
Tiempo de cocción: 45 minutos
Acabado: 10 minutos

Ponga a remojar los garbanzos en el agua durante la noche. Cuézalos durante 45 minutos en el agua de remojo con la hoja de laurel, hasta que estén tiernos. Eche los garbanzos en un colador y recoja el líquido de la cocción. Reduzca a puré los garbanzos con 5 cucharadas del líquido de cocción y el zumo de limón. ● Pele el diente de ajo y añádalo pasándolo por el prensa ajos. ● Incorpore la pasta de sésamo y el aceite de oliva y bátalo todo. La pasta de garbanzos tiene que poder untarse. Si está demasiado espesa, añada un poco más de líquido de cocción a cucharadas y revuélvalo. Condimente con sal y eche la pasta en un recipiente. ● Lave el perejil, escúrralo, píquelo finamente y espárzalo sobre la pasta.

Nuestra sugerencia: La pasta de garbanzos puede conservarse algunos días guardada en el frigorífico.

Pasta de garbanzos con hierbas

A la derecha de la foto

Ingredientes para 4 personas:
100 g de garbanzos
$^3/_8$ de l de agua
1 hoja de laurel
1 cucharadita de vinagre de vino blanco
10 g de aceite de pepitas de calabaza, reemplazable por aceite vegetal de alto valor nutritivo (1 cucharada)
$^1/_4$ de cucharadita de chile en polvo
$^1/_4$ de cucharadita de cilantro molido
1 cucharadita colmada de caldo de verduras instantáneo
2 cucharadas de hierbas frescas recién picadas
(perejil, eneldo, berro, perifollo, acedera, pimpinela)

Por persona, unos
420 kJ/100 kcal
5 g de proteínas · 3 g de grasas

12 g de hidratos de carbono
3 g de fibra · 0 mg de colesterol

Tiempo de remojo: 12 horas
Tiempo de cocción: 45 minutos
Acabado: 10 minutos
Tiempo de reposo: 1 hora

Ponga a remojar los garbanzos en el agua toda la noche. Hiérvalos 45 minutos en el agua de remojo con la hoja de laurel, hasta que estén tiernos. Eche los garbanzos en un coladory recoja el líquido de la cocción. Reduzca a puré los garbanzos con 5 cucharadas del líquido de cocción, el vinagre de vino blanco y el aceite de pepitas de calabaza. Mezcle el puré con el chile en polvo, el cilantro, el caldo y las hierbas. Póngalo en un recipiente y déjelo reposar 1 hora. Se acompaña con tortitas de pan o con pan de trigo y centeno.

Nuestra sugerencia: Las pastas de garbanzos combinadas con cebollas, tallo de apio, rabanitos y tiras de zanahoria y de pimiento, constituyen un plato principal ligero.

Pastas vegetales con harina de soja

La harina de soja desgrasada es rica en proteínas y fibra

Pasta de pimiento y cebolla

A la izquierda de la foto

Ingredientes para 4 personas:
50 g de pimiento rojo
50 g de cebolla
10 g de aceite de oliva
(1 cucharada)
25 g de harina gruesa de espelta verde
50 g de harina de soja desgrasada
$^1/_2$ cucharadita de pimentón dulce
$^1/_4$ de cucharadita de pimienta negra recién molida
$^1/_8$ de l de agua
1 cucharada de salsa de soja
40 g de margarina vegetal de alto valor nutritivo (4 cucharadas)
10 g de copos de levadura fina
10 g de copos de germen de trigo
1 frasco de cierre hermético

Por persona, unos
700 kJ/170 kcal
10 g de proteínas · 11 g de grasas
8 g de hidratos de carbono
5 g de fibra · 0 mg de colesterol

Tiempo de preparación:
25 minutos
Tiempo de cocción: 30 minutos

Escalde el pimiento 4 minutos, sáquelo del agua y déjelo escurrir. Pele la cebolla y píquela finamente. ● Caliente el aceite y sofría la cebolla hasta que esté transparente. Añada la harina gruesa de espelta y fríala también unos 2 minutos, removiendo. Mezcle la harina de soja con la pimienta, añádala, removiendo, y deje que se tueste igualmente durante unos instantes. ● Vierta el agua y la salsa de soja y revuélvalo todo bien. Retire la sartén del fuego. Añada la margarina, los copos de levadura y los de germen de trigo y mézclelo bien. ● Corte el pimiento en dados pequeños e incorpórelos. Eche la pasta en el frasco y ciérrelo. Cuézalo al baño maría durante 30 minutos. Deje enfriar la pasta y guárdela en el frigorífico. Se acompaña con pan integral y ensalada de verduras crudas.

Pasta de champiñones

A la derecha de la foto

Ingredientes para 4 personas:
100 g de champiñones
2 dientes de ajo
10 g de aceite de oliva
(1 cucharada)
25 g de harina gruesa de espelta verde
$^1/_2$ cucharadita de comino molido
50 g de harina de soja desgrasada
$^1/_2$ cucharadita de setas en polvo
$^1/_4$ de cucharadita de pimienta blanca recién molida
$^1/_8$ de l de agua
1 cucharada de salsa de soja
40 g de margarina vegetal de alto valor nutritivo
(4 cucharadas)
10 g de copos de levadura fina
(1 cucharada)

Por persona, unos
670 kJ/160 kcal
9 g de proteínas · 11 g de grasas
6 g de hidratos de carbono
4 g de fibra · 0 mg de colesterol

Tiempo de preparación:
25 minutos
Tiempo de cocción: 30 minutos

Prepare los champiñones, lávelos unos instantes bajo el agua corriente si es necesario y córtelos luego en trocitos pequeños. Pele los ajos. ● Caliente el aceite, eche el ajo en la sartén pasándolo por el presa ajos y sofríalo hasta que esté transparente. Añada los champiñones y sofríalos también 3-4 minutos. ● Eche la harina gruesa de espelta y el comino y fríalos también durante 2 minutos, removiendo. Mezcle la harina de soja, las setas en polvo y la pimienta, añádalas y fríalas también unos instantes con lo anterior. ● Vierta el agua y la salsa de soja y mézclelo todo. ● Retire la sartén del fuego. Añada la margarina y los copos de levadura y vuelva a revolverlo todo bien. Eche la pasta en el frasco y ciérrelo. Cuézalo al baño maría durante 30 minutos. Deje enfriar la pasta y guárdela en lugar frío. Un frasco que haya sido abierto deberá consumirse en el plazo de una semana.

Postres y pasteles con frutas

También me he ocupado ampliamente de que sus comidas tengan un punto final dulce. Un postre elaborado a base de frutas, como la compota de manzana con puré de frambuesa, la compota de ciruelas con crema de vainilla o la crema de plátano y tofu, redondea una buena y nutritiva comida. Además, este capítulo le ofrece dulces como los que aparecen fotografiados aquí: bombones de garbanzos e higos (receta en la página 106), tortitas de manzana y nueces o de plátano y coco (recetas en la página 108).

También le enseñaré cómo hornear pastelitos y tartas sin huevo. Esto es particularmente importante en el caso de una alimentación baja en colesterol. Si le apetece comer algo dulce, pruebe unos canapés de dátiles y puré de castaña o unos bombones de copos de avena y frutas pasas.

Compotas de frutas

Refrescantes y bajas en calorías

Compota de manzanas con puré de frambuesa
A la izquierda de la foto

Ingredientes para 4 personas:
400 g de manzanas ácidas (Boskop)
4 cucharadas de vino blanco seco o de agua
La corteza rallada de 1 limón
4 cucharadas de zumo de limón
1 pizca de clavo
1 cucharadita de edulcorante líquido
1 cucharada de medida de espesante dietético
200 g de frambuesas frescas o congeladas y sin endulzar
Edulcorante líquido

Por persona unos
300 kJ/76 kcal
1 g de proteínas · 1 g de grasas
15 g de hidratos de carbono
5 g de fibra · 0 mg de colesterol

Tiempo de preparación:
30 minutos
Tiempo de reposo: 2 horas

Pele las manzanas, córtelas en cuartos y quíteles el corazón. Córtelas luego en forma de gajos gruesos. ● Mezcle el vino blanco o el agua con la corteza y el zumo de limón, el clavo y el edulcorante y cueza ahí las manzanas durante 5 minutos a fuego lento para que se ablanden un poco. ● Saque cuidadosamente los gajos de manzana con una espumadera. ● Espolvoree el espesante dietético sobre el líquido y caliéntelo removiendo para que espese, sin dejar que vuelva a cocer. ● Mezcle con cuidado las manzanas con el líquido espeso y repártalas en cuatro platitos. Deje primero que se enfríen, para meterlas después en el frigorífico a fin de que el líquido adquiera consistencia. ● Lave las frambuesas o descongélelas y redúzcalas a puré en el robot. Añada el edulcorante. Vierta el puré de frambuesas sobre la compota de manzana y sírvalo.

Compota de ciruelas con crema de vainilla
A la derecha de la foto

Ingredientes para 4 personas:
250 cc de zumo de ciruelas dietético
50 cc de vino tinto seco o de agua
La corteza rallada de 1 limón
2 pizcas de canela
20 g de sagú
350 g de ciruelas (unos 300 g deshuesadas)
$1/2$ cucharadita de edulcorante líquido
4 cucharadas de crema de leche (10% mat. grasa)
4 pizcas de azúcar vainillado

Por persona unos
450 kJ/110 kcal
1 g de proteínas · 1 g de grasas
21 g de hidratos de carbono
1 g de fibra · 3 mg de colesterol

Tiempo de preparación:
40 minutos
Tiempo de reposo: 2 horas

Ponga a hervir el zumo de ciruelas, el vino tinto o el agua, la corteza de limón y la canela. Esparza por encima el sagú y deje que se hinche calentándolo a fuego lento durante 15 minutos y removiendo frecuentemente. ● Lave las ciruelas, deshuéselas y échelas en el líquido junto con el edulcorante. Deje cocer 15 minutos a fuego lento hasta que las ciruelas estén blandas y el sagú completamente hinchado. ● Eche la compota en 4 platitos y métala en el frigorífico para que se enfríe y solidifique. ● Bata la crema con el azúcar vainillado y viértala sobre la compota de ciruelas.

Nuestra sugerencia: Estas finas compotas pueden prepararse con todo tipo de fruta.

Crema de plátano y tofu

Carece de colesterol y es baja en calorías

Kiwis con crema de tamujo

Rico en vitamina C

Ingredientes para 4 personas:
250 g de tofu cremoso
(comprado en una tienda
de productos dietéticos)
200 g de plátanos
1 lima o 1 limón
Edulcorante líquido

Por persona unos
320 kJ/76 kcal
4 g de proteínas · 2 g de grasas
11 g de hidratos de carbono
1 g de fibra · 0 mg de colesterol

Tiempo de preparación:
10 minutos
Tiempo de reposo: 1-2 horas

Eche el tofu en un cuenco. •
Pele los plátanos y córtelos
en rodajas. Lave la lima o el limón con agua caliente, séquelo,
ralle la corteza y exprímalo. •
Eche en el recipiente del tofu las
rodajas de plátano y 1/2 cucharadita de la cáscara y el zumo de la
lima o el limón y redúzcalo todo a
puré con la batidora eléctrica o el
robot. Condimente la crema con
edulcorante, échela en 4 fuenteci-

tas y déjela enfriar en el frigorífico
durante 1-2 horas. Añada luego
el resto de la corteza de lima o
limón y sírvala.

Nuestra sugerencia: Los plátanos
pueden sustituirse, según la estación, por peras, albaricoques, melocotones, ciruelas o frutas secas.
Si es usted una persona de peso
normal, puede reemplazar el
edulcorante por miel o jarabe de
manzana o pera. Como su nombre indica, el tofu cremoso se dife-
rencia del tofu firme por su consistencia cremosa y delicada. El
tofu firme puede adquirir también
una consistencia cremosa redu-
ciéndolo a puré en el robot con
un poco de agua o zumo de frutas. El tofu cremoso puede sustituirse por requesón magro. También en este caso, la crema
resultante carece de colesterol y
es baja en calorías.

Ingredientes para 4 personas:
4 kiwis (unos 80 g cada uno)
250 g de requesón magro
4 cucharadas de refresco de
naranja dietético con gas
(reemplazable por 2 cucharadas
de zumo de naranja y 2
cucharadas de agua mineral
con gas)
2 cucharadas de zumo de tamujo
sin endulzar o zumo de
manzana concentrado
Edulcorante líquido

Por persona unos
380 kJ/90 kcal
9 g de proteínas · 1 g de grasas
12 g de hidratos de carbono
3 g de fibra · 1 mg de colesterol

Tiempo de preparación:
10 minutos

Pele los kiwis quitándoles
una fina capa de piel y córtelos en rodajas. • Bata el requesón con el refresco de naranja y
el zumo de tamujo hasta que quede cremoso. Condimente la crema con edulcorante. • Sirva las

rodajas de kiwi en 4 platos de
postre y distribuya la crema de tamujo por encima.

Nuestra sugerencia: En lugar de
los kiwis, puede utilizar gajos de
naranja, mandarina o pomelo, así
como frutas de baya frescas.

Información sobre los kiwis: Esta
fruta contiene actinidina, un enzima que disocia proteínas. El kiwi
se pone enseguida amargo si se
combina con requesón o yogur.
Esto puede evitarse comiendo inmediatamente los postres hechos
a base de kiwi y productos lácteos o escaldando las frutas previamente. Los kiwis crudos impiden que la gelatina adquiera una
consistencia firme. Utilice por
ello, en lugar de gelatina, gelatini-
zantes vegetales, como Agar-
Agar, harina de algarroba o espesante dietético.

Bombones de garbanzos e higos

Algo refinado para cuando se quiere comer dulces

Ingredientes para 16 unidades:
100 g de garbanzos
$^1/_4$ l de agua
30 cc de leche caliente
(1,5% mat. grasa)
15 g de jarabe de pera
(1 cucharadita)
$^1/_2$ cucharadita de «cinco especias»
1 pizca de jengibre molido
1 pizca de pimienta de Jamaica
o de canela
20 g de higos secos
10 g de coco rallado
(1 cucharada)
5 g de semillas de sésamo
(1 cucharada)

Cada unidad unos
500 kJ/120 kcal
6 g de proteínas · 2 g de grasas
20 g de hidratos de carbono
3 g de fibra · 0 mg de colesterol

Tiempo de remojo: 12 horas
Tiempo de cocción: 45 minutos
Preparación: 25-30 minutos
Tiempo para secar: 24 horas

Deje remojar los garbanzos en agua 12 horas o una noche. Póngalos luego a hervir en el agua de remojo y cuézalos unos 45 minutos a fuego lento. ● Eche los garbanzos en un colador y déjelos escurrir. Póngalos luego en un cuenco, añada la leche caliente y el jarabe de pera y redúzcalo a puré. ● Condimente el puré con las especias, el jengibre y la pimienta de Jamaica. ● Corte los higos en dados muy pequeños, échelos al puré y mézclelos. ● Con las manos húmedas, haga un rollo con la masa. Corte el rollo en 16 trozos del mismo tamaño. Con las manos húmedas otra vez, haga una bola de cada trozo. ● Haga rodar la mitad (8 unidades) en el coco rallado y la otra mitad en las semillas de sésamo. ● Coloque los bombones en una bandeja y meta ésta durante 24 horas en el horno apagado para que se sequen.

Nuestra sugerencia: En lugar de higos, pueden utilizarse otras frutas secas, como ciruelas o dátiles.

Atractivos bombones con frutas secas y castañas

Fríos están más buenos

Bombones de copos de avena y frutas pasas
A la izquierda de la foto

Ingredientes para 32 unidades:
40 g de margarina vegetal de alto valor nutritivo (4 cucharadas)
100 g de copos de avena integrales crujientes
80 g de frutas secas (albaricoque, melocotón, ciruelas)
2 cucharadas de medida de extracto de huevo dietético
2 cucharadas de medida de agua
1 cucharadita de edulcorante líquido
Papel de horno
32 moldecitos de papel de colores

Cada unidad unos
110 kJ/26 kcal
1 g de proteínas · 1 g de grasas
3 g de hidratos de carbono
0,4 g de fibra · 0 mg de colesterol

Tiempo de preparación:
30 minutos
Tiempo de horneado: 10 minutos

Derrita la margarina vegetal en una sartén. Remueva en ella los copos de avena para que absorban la margarina. Déjelos luego enfriar. Pique finamente las frutas secas. ● Bata el extracto de huevo con el agua y el edulcorante. Deje que se hinche durante 5 minutos. ● Mezcle los copos de avena con las frutas secas, incorpore el extracto de huevo y deje reposar todo durante 5 minutos. ● Precaliente el horno a 180° (nivel de gas 3). ● Revista una placa con papel sulfurizado. ● Haga montoncitos de la masa de copos de avena sirviéndose de 2 cucharitas y dispóngalas en la placa. Hornee los bombones en el centro del horno unos 10 minutos. ● Déjelos enfriar y colóquelos en los moldecitos de papel de colores.

Canapés de dátiles y puré de castañas
A la derecha de la foto

Ingredientes para 12 unidades:
200 g castañas (unos
150 g peladas)
150 cc de leche (1,5% mat. grasa)
$^1/_2$ cucharadita de vainilla natural molida
2 cucharaditas de edulcorante líquido
2 cucharadas de ron (2 cl)
12 dátiles frescos (200 g deshuesados)

Cada unidad unos
310 kJ/74 kcal
1 g de proteínas · 0 g de grasas
17 g de hidratos de carbono
1 g de fibra · 0 mg de colesterol

Tiempo de preparación:
35 minutos
Tiempo de horneado: 15 minutos
Tiempo de cocción: 15 minutos

Precaliente el horno a 220° (nivel de gas 4). ● Haga un corte en forma de cruz en la parte plana de la cáscara de las casta-ñas sirviéndose de un cuchillo pequeño afilado. Coloque las castañas sobre una placa de horno, ponga en el horno una fuente refractaria con un poco de agua y meta la placa en el centro del horno durante 15 minutos. ● Pele las castañas aún calientes, quitando también la piel marrón interior. ● Vierta en un cazo la leche, la vainilla y el edulcorante. Cueza las castañas durante 15 minutos tapadas y a fuego lento. ● Reduzca a puré las castañas todavía calientes, incorporando la leche que haya quedado. Añada el ron y revuélvalo con el puré. Si el puré sale demasiado espeso, añada otro poco de leche. El puré tiene que tener una consistencia cremosa, pero no ha de quedar demasiado blando. Si es necesario, añada un poco más de edulcorante. ● Abra los dátiles haciéndoles un corte a lo largo, deshuéselos y separe un poco las mitades de dátil. ● Eche el puré en una manga pastelera y aplíquelo en la abertura de los dátiles.

Dulces a base de salvado de avena

También salen bien con copos integrales de avena molidos

Pastas de manzana y nueces

Las pastas más oscuras de la foto

Ingredientes para 12 unidades:
200 g de salvado de avena
con germen
1 cucharadita de canela
2 cucharaditas de levadura
1 cucharada de medida de
extracto de huevo dietético
1 cucharada de medida de agua
40 g de nueces (2 cucharadas)
150 g de manzana
10 g de pasas (1 cucharada)
150 cc de leche (1,5% mat. grasa)
1 1/2 cucharadita de
edulcorante líquido
50 g de jarabe de manzana
20 g de crema vegetal dietética
12 moldecitos de papel

Cada unidad
500 kJ/120 kcal
4 g de proteínas · 5 g de grasas
16 g de hidratos de carbono
4 g de fibra · 0 mg de colesterol

Tiempo de preparación:
30 minutos

Tiempo de horneado:
15-19 minutos

E che el salvado de avena, la canela y la levadura en polvo en un cuenco y mézclelo todo. ● Bata el extracto de huevo con el agua y deje que se hinche. ● Pique finamente las nueces o muélalas groseramente. ● Pele la manzana y rállela groseramente. ● Lave las pasas y déjelas escurrir. ● Bata la leche con el edulcorante y el jarabe de manzana. ● Añada al salvado de avena el extracto de huevo, la manzana, las pasas, la leche y la crema vegetal y amáselo todo con el brazo de amasar de la batidora eléctrica hasta obtener una pasta suelta. ● Precaliente el horno a 220° (nivel de gas 4). ● Eche la masa en 12 moldecitos de papel. Coloque los moldes en la placa, meta ésta en el centro del horno y hornee las pastas unos 15 minutos. Haga la prueba de cocción con un palillo de madera. Clave el palillo en una pasta y vuelva a sacarlo. El palillo habrá de estar seco. Si sale húmedo, hornee las pastas otros 2-4 minutos.

Pastas de plátano y coco

Las pastas más claras de la foto

Ingredientes para 12 unidades:
200 g de salvado de avena
con germen
1/4 de cucharadita de vainilla
natural molida
2 cucharaditas de levadura
en polvo
1 cucharada de medida de
extracto de huevo o clara de
huevo
1 cucharada de medida de agua
150 g de plátano muy maduro
pelado
150 cc de leche (1,5% mat. grasa)
2 cucharaditas de edulcorante
líquido
40 g de coco rallado
(4 cucharadas)
20 g de crema vegetal dietética
(2 cucharadas)
12 moldecitos de papel para
horno

Cada unidad
440 kJ/100 kcal
3 g de proteínas · 4 g de grasa
16 g de hidratos de carbono
3 g de fibra · 0 mg de colesterol

Tiempo de preparación:
20 minutos
Tiempo de horneado:
17-20 minutos

M ezcle el salvado de avena, la vainilla natural y la levadura en polvo. ● Bata el extracto de huevo con el agua y deje que se hinche. Aplaste el plátano. ● Bata la leche con el edulcorante. Añada al salvado de avena el extracto de huevo, el plátano y la leche. Incorpore el coco rallado y la crema vegetal y amáselo todo. ● Precaliente el horno a 220° (nivel de gas 4). ● Distribuya la masa en 12 moldecitos de papel para horno. Coloque los moldes en la placa y meta ésta en el centro del horno durante unos 17 minutos. Haga la prueba de cocción con un palillo de madera. Clave el palillo en una pasta y vuelva a sacarlo. Si sale húmedo, hornee las tortitas otros 2-3 minutos.

Pastel de piña y almendras

Está mejor frío

Ingredientes para un molde desmontable de 24 cm:
200 g de salvado de avena con germen
2 cucharaditas de levadura en polvo
1 cucharada de medida de extracto de huevo dietético o clara de huevo
1 cucharada de medida de agua
40 g de almendras peladas
1 lata pequeña de rodajas de piña sin azucarar
75 cc de leche (1,5% mat. grasa)
40 cc de crema de leche (10% mat. grasa)
2 cucharaditas de edulcorante líquido · papel de horno
20 g de crema vegetal dietética

Un pastel de 12 raciones contiene por unidad unos:
470 kJ/110 kcal
4 g de proteínas · 5 g de grasas
15 g de hidratos de carbono
3 g de fibra · 1 mg de colesterol

Tiempo de preparación:
20 minutos
Tiempo de horneado:
17-20 minutos

Muela finamente el salvado de avena, échelo junto con la levadura en polvo en un cuenco y mézclelos. Bata el extracto de huevo con el agua y deje que se hinche. • Muela las almendras groseramente. • Deje escurrir las rodajas de piña, reteniendo el zumo. • Bata el zumo de piña con la leche, la crema y el edulcorante. • Añada al salvado de avena el extracto de huevo, las almendras, la mezcla de leche y la crema vegetal y remuévalo todo con el brazo de amasar de la batidora eléctrica hasta obtener una pasta ligada. • Precaliente el horno a 220° (nivel de gas 4). • Recubra el molde desmontable con papel sulfurizado. Disponga las rodajas de piña sobre la base del molde y distribuya homogéneamente la masa por encima. • Introduzca el molde en el centro del horno durante 17 minutos. Haga la prueba de cocción con un palillo de madera: clávelo en el lugar más grueso y vuelva a sacarlo. De estar todavía húmedo el palillo, hornee el pastel otros 2-3 minutos. • Deje enfriar el pastel y sírvalo.

Menús diarios

Para 1000 kcal y 2000 kcal

He confeccionado los ejemplos de menús diarios principalmente a base a los platos contenidos en este libro. Pues dichos platos están concebidos para una alimentación a seguir en caso de nivel alto de colesterol. Con los ejemplos de 1000 calorías por día se muestra cómo puede reducirse el sobrepeso. Siguiendo estos modelos podrá usted confeccionarse sus menús totalmente al gusto. La variedad es importante, particularmente cuando se necesita algún tiempo hasta alcanzar el peso normal. Las recetas de este libro le ayudarán a ello con total seguridad. Procure a toda costa beber liquido en cantidad suficiente mientras esté reduciendo peso. ¡Dé preferencia a bebidas sin calorías!

Con los ejemplos de 2000 calorías por día le enseño cómo puede cambiar su alimentación. Esta cantidad de energía corresponde a la necesidad media de una persona adulta mayor de 50 años con una actividad ligera. Siguiendo este modelo podrá tantear hasta encontrar su necesidad individual de energía. Controle su peso regularmente. Así podrá usted comprobar si consume demasiadas calorías, demasiado pocas o justo las correctas. Vaya probando poco a poco todas las recetas de este libro, de este modo tendrá más variedad. La bebida es parte integrante de una alimentación adecuada. Así, los ejemplos contienen solamente 1830 kcal para que usted pueda consumir también bebidas que contengan calorías hasta un máximo de 170 kcal.

1. Ejemplo de menú diario de 1000 calorías

Desayuno:
50 g de pan integral de centeno (1 panecillo)
1 ración de crema de plátano y germen de trigo, página 41

Comida:
1 ración de espaguetis con brécol, página 59
50 g de ensalada de lechuga
1 ración de salsa picante de yogur, página 29

Tentempié:
1 pasta de manzana y nueces, página 108

Cena:
1 ración de ensalada caliente de espinacas con jamón y piñones, página 93
50 g de pan de centeno o de pan integral de barra

Bebidas:
por lo menos 1¹/₂ l de líquido en forma de café, té sin azúcar (eventualmente, con edulcorante) y sin leche, o con un poco de leche semidesnatada, y agua mineral

Contiene por día, aproximadamente: 4.200 kJ/1.000 kcal
45 g de proteínas · 34 g de grasas · 130 g de hidratos de carbono
30 g de fibra · 10 mg de colesterol

2. Ejemplo de menú diario de 1000 calorías

Desayuno:
1 ración de müsli de copos de trigo y bayas, página 36

Comida:
1 ración de ragú de pavo preparado en película transparente para asar, página 83
50 g de arroz integral, página 66

Tentempié:
100 g de kiwi (1 grande) u otra fruta

Cena:
1 ración de hamburguesas de mijo y repollo, página 55
1 ración de salsa de tofu y hierbas, página 55
100 g de tomate
1 ración de salsa vinagreta sencilla, página 29

Bebidas:
por lo menos 1¹/₂ l de líquido en forma de café, té sin azúcar (eventualmente, con edulcorante) y sin leche, o con un poco de leche semidesnatada, y agua mineral

Contiene por día, aproximadamente: 4285 kJ/1020 kcal
50 g de proteínas · 30 g de grasas · 132 g de hidratos de carbono
24 g de fibra · 78 mg de colesterol

3. Ejemplo de menú diario de 1000 calorías

Desayuno:
30 g de biscotes integrales con fibra (3 rebanadas)
1 ración de crema de avena y nueces, página 43

Comida:
1 ración de gallineta con hinojo, página 77
150 g de patatas al vapor, página 69

Tentempié:
1 ración de compota de manzana con puré de frambuesa (reemplazable por 150 g de manzana), página 104

Cena:
1 ración de hamburguesa de espelta verde con pepino y salsa de cacahuetes, página 55

Bebidas:
por lo menos 1¹/₂ l de líquido en forma de café, té sin azúcar (eventualmente, con edulcorante) y sin leche, o con un poco de leche semidesnatada, y agua mineral

Contiene por día, aproximadamente: 4325 kJ/1030 kcal
51 g de proteínas · 37 g de grasas · 123 g de hidratos de carbono
34 g de fibra · 48 mg de colesterol

4. Ejemplo de menú diario de 1000 calorías

Desayuno:
1 ración de papilla de avena con puré de manzana y plátano, página 37

Comida:
1 ración de verduras a la japonesa con dados de tofu, página 60
50 g de espelta verde, página 64

Tentempié:
Requesón al limón elaborado a base de 50 g de requesón magro
½ limón (zumo y un poco de cáscara)
edulcorante líquido
un poco de agua mineral

Cena:
1 ración de judías horneadas, página 68
40 g de pan de trigo (1 panecillo)

Bebidas:
por lo menos 1¹/₂ l de líquido en forma de café, té sin azúcar (eventualmente, con edulcorante) y sin leche, o con un poco de leche semidesnatada, y agua mineral

Contienen por día, aproximadamente: 4200 kJ/1000 kcal
45 g de proteínas · 26 g de grasas · 145 g de hidratos de carbono
30 g de fibra · 3 mg de colesterol

1. Ejemplo de menú diario de 2000 calorías

Desayuno:
60 g de pan integral
Queso fresco con manzana (100 g de queso fresco granulado 100 g de manzana rallada (canela y edulcorante líquido)
200 cc de zumo multivitamínico

Tentempié:
1 ración de crema de plátano y yogur, página 41
30 g de galletas de avena integral (sin endulzar, 6 unidades)

Comida:
1 ración de espaguetis integrales con verduras a la provenzal, página 58
ensalada a base de 200 g de pepino crudo
1 ración de salsa vinagreta sencilla, página 29

Tentempié:
2 fichas de dominó con pan negro, página 98
150 g de zanahoria cruda rallada
1 cucharada de zumo de limón edulcorante líquido

Cena:
1 ración de verduras chinas con carne de pollo, página 86
1 ración de arroz integral, página 66
Bocado de última hora
200 g de bayas frescas (por ejemplo, fresas)

Bebidas:
aproximadamente 1¹/₂ l de líquido con hasta 170 kcal, por ejemplo: 0,2 l de cerveza (85 kcal) y 0,2 l de zumo de fruta (85 kcal), ó 0,2 l de vino seco (160 kcal), ó 0,5 l de suero de leche (175 kcal). ¡El café, el té sin azúcar y sin leche, los refrescos con edulcorante, así como el agua mineral, no tienen calorías!

Por día, aproximadamente:
7685 kJ/1830 kcal
79 g de proteínas · 57 g de grasas · 243 g de hidratos de carbono
41 g de fibra · 90 mg de colesterol

2. Ejemplo de menú diario de 2000 calorías

Desayuno:
1 canapé de pan de centeno con crema de pimientos, página 98
1 pasta de manzana y nueces, página 108
200 cc de zumo de tomate o de verdura

Tentempié:
100 g de leche cuajada (3,5% mat. grasa)
2 mandarinas u otra fruta edulcorante líquido
1 ración de müsli al horno, página 39

Comida:
1 ración de acelgas y zanahorias con filete de pavo, página 83
1 ración de mijo, página 65

Tentempié:
Compota de ciruelas con crema de vainilla, página 104 o 100 g de fruta

Cena:
1 ración de risotto de verduras, página 51
Ensalada de escarola lisa (100 g de escarola lisa)
1 ración de salsa vinagreta sencilla, página 29

Bocado de última hora:
1 ración de crema de plátano y tofu (reemplazable por 100 g de plátano), página 105

Bebidas:
por lo menos 1¹/₂ l de líquido con hasta 170 kcal

Por día, aproximadamente:
7685 kJ/1830 kcal
86 g de proteínas · 57 g de grasas · 237 g de hidratos de carbono
35 g de fibra · 92 mg de colesterol

3. Ejemplo de menú diario de 2000 calorías

Desayuno:
60 g de pan de cuatro cereales
20 g de margarina semigrasa
30 g de jamón ahumado, sin la grasa del borde
100 g de pimiento verde

Tentempié:
1 ración de müsli con frutas secas, página 39
150 g de yogur (1,5% mat. grasa)
150 g de bayas (por ejemplo, frambuesas frescas o congeladas) edulcorante líquido

Comida:
1 ración de lentejas, página 68
1 ración de patatas al vapor, página 69
80 gramos de pechuga de pavo ahumada (a la parrilla)
100 g de encurtidos variados

Tentempié:
100 g de tarta de frutas con base de pastaflora
café sin azúcar (eventualmente, edulcorante)
2 cucharaditas de leche condensada (4% mat. grasa)

Cena:
1 ración de calabacín relleno de cebada perlada y nueces, página 56
plato de verduras crudas a base de:
    50 g de zanahoria
    50 g de pepino
    50 g de colinabo
1 ración de salsa de tofu para ensaladas, página 29

Bocado de última hora
200 g de manzana
15 g de pepitas de girasol tostadas (3 cucharaditas colmadas)

Bebidas:
por lo menos 1¹/₂ l de líquido con hasta 170 kcal

Por día, aproximadamente:
7685 kJ/1830 kcal
90 g de proteínas · 55 g de grasas · 242 g de hidratos de carbono
50 g de fibra · 90 mg de colesterol

4. Ejemplo de menú diario de 2000 calorías

Desayuno:
60 g de pan de harina de trigo gruesa
1 ración de crema de avena y chocolate, página 43
½ pomelo (130 g, sin cáscara)

Tentempié:
1 ración de müsli de centeno con raiforte y berro, página 35
200 cc de zumo de tomate

Comida:
1 ración de filete de lenguado con zanahorias y apio, página 75
200 g de patatas al vapor, página 69

Tentempié:
2 pastas de plátano y coco, página 108
café con leche (125 cc de leche, 1,5% de mat. grasa; café, edulcorante)

Cena:
1 ración de olla de cebada perlada y guisantes con cebolla tostada, página 48
100 g de pepinillos en vinagre
Bocado de última hora
50 g de albaricoque seco

Bebidas:
por lo menos 1¹/₂ l de líquido con hasta 170 kcal

Por día, aproximadamente:
7685 kJ/1830 kcal
84 g de proteínas · 46 g de grasas · 268 g de hidratos de carbono
41 g de fibra · 107 mg de colesterol

Tablas de valores nutritivos

Contenido en grasa y colesterol de los alimentos animales

Alimento	Grasa total en g/100 g de parte comestible	Colesterol en mg/100 g de parte comestible
Leche y productos lácteos		
Leche no tratada, leche de calidad extra	3,8	12
Leche entera, 3,5% mat. grasa	3,5	11
Leche semidesnatada, 1,5% mat. grasa	1,5	5
Suero de la leche	0,5	4
Leche entera cuajada, 3,5% mat. grasa	3,5	11
Leche cuajada, 1,5% mat. grasa	1,5	6
Leche desnatada cuajada	0,1	+
Yogur de leche entera, 3,5% mat. grasa	3,5	11
Yogur semidesnatado, 1,5% mat. grasa	1,5	5
Yogur de leche desnatada, 0,3% mat. grasa	0,1	+
Kéfir de leche entera, 3,5% mat. grasa	3,5	11
Leche condensada, 4% mat. grasa	4,1	13
Leche condensada, 10% mat. grasa	10,1	33
Crema de leche, 10% mat. grasa (crema para café)	10,5	34
Crema de leche, 30% mat. grasa (nata montada)	31,7	109
Crema de leche agria, 10% mat. grasa	10,0	33
«Creme fraîche», 40% mat. grasa	40,0	131

Alimento	Grasa total en g/100 g de parte comestible	Colesterol en mg/100 g de parte comestible
Queso duro		
Emmenthal, 45% mat. grasa/ext. seco lácteo	29,7	92
Bayerntal, 30% mat. grasa/ext. seco lácteo	18,0	60
Parmesano, 35% mat. grasa/ext. seco lácteo	25,8	68
Edam, 45% mat. grasa/ext. seco lácteo	28,3	95
Edam, 30% mat. grasa/ext. seco lácteo	16,2	54
Roquefort, 50% mat. grasa/ext. seco lácteo	29,8	88
Roquefort, semigraso, 26% mat. grasa/ext. seco lácteo	16,0	50
Gouda, 45% mat. grasa/ext. seco lácteo	29,2	114
Queso de Tilsit, 45% mat. grasa/ext. seco lácteo	27,7	95
Queso de Tilsit, 30% mat. grasa/ext. seco lácteo	17,2	58
Lonchetas, 45% mat. grasa/ext. seco lácteo	23,0	53
Queso en lonchas, (light)	11,0	35
Queso blando		
Brie, 50% mat. grasa/ext. seco lácteo	27,9	100
Camembert, 30% mat. grasa/ext. seco lácteo	13,2	38
Limburger, 40% mat. grasa/ext. seco lácteo	19,7	90
Limburger, 20% mat. grasa/ext. seco lácteo	8,6	31

Alimento	Grasa total en g/100 g de parte comestible	Colesterol en mg/100 g de parte comestible
Quesos frescos		
Queso doble crema, 60% mat. grasa/ext. seco lácteo	31,5	103
Queso crema fresco «light»	15,0	50
Mozzarella	19,8	46
Tartare, 50% mat. grasa/ext. seco lácteo	19,0	56
Tartare, «light»	8,5	30
Requesón, 20% mat. grasa/ext. seco lácteo	5,0	14
Requesón, 10% mat. grasa/ext. seco lácteo	2,0	7
Requesón, 40% mat. grasa/ext. seco lácteo	11,4	37
Requesón, 20% mat. grasa/ext. seco lácteo	5,1	17
Requesón magro	0,3	1
Queso fresco granulado, 20% mat. grasa/ext. seco lácteo	4,3	17
Queso fundido, 45% mat. grasa/ext. seco lácteo	23,6	80
Queso fundido, «light»	9,0	30
Queso fundido de hierbas «light»	8,0	25
Huevos		
1 huevo de gallina de 58 g	6,2	314
1 yema de huevo mediana, 19 g	6,1	314
1 clara de huevo mediana, 33 g	0,1	0
Pastas alimenticias de huevo	3,0	94
Mayonesa, 80% mat. grasa	78,9	142
Grasas animales		
Mantequilla	83,2	240
Grasa de mantequilla	99,5	340
Manteca de cerdo	99,7	86
Pescados marinos		
Platija	0,7	5
Hipogloso	2,3	50
Arenque	14,9	85
Filete de arenque	15,0	60
Bacalao (abadejo)	0,4	50
Filete de bacalao	+	30
Caballa	11,6	70
Arenque del Báltico	9,2	44
Gallineta	3,6	38
Eglefino	0,1	60
Solla	0,8	55
Carbonero (palero)	0,9	33
Lenguado	1,4	60
Calamares	0,8	170
Ostras	1,2	260
Gambas	1,4	138
Bogavante	1,9	182
Mejillones	1,3	150
Pescado de agua dulce		
Anguila	24,5	142
Perca	0,8	72
Trucha	2,7	55
Salmón	13,6	35

Alimento	Grasa total en g/100 g de parte comestible	Colesterol en mg/100 g de parte comestible

Pescado en conserva

Alimento	Grasa	Colesterol
Anguila ahumada	26,8	164
Arenque asado en salmuera	15,2	87
Arenque ahumado	15,5	90
Arenque en escabeche	16,0	60
Arenque en gelatina	12,6	36
Filete de arenque en salsa de tomate	15,0	42
Caviar auténtico (caviar ruso)	15,5	300
Gambas enlatadas	2,5	100
Salmón enlatado	8,9	35
Caballa ahumada	15,5	22
Arenque matjes	22,6	60
Sardinas en aceite (toda la lata)	24,4	120
Carbonero ahumado	0,8	44
Atún en aceite	20,9	32

Carne de ave

Alimento	Grasa	Colesterol
Pato	17,2	70
Oca	31,0	75
Pechuga de pollo	0,9	60
Muslo de pollo	3,1	74
Gallina para sopa	20,3	75
Higadillos de pollo	4,7	555
Pechuga de pavo	1,0	60
Muslo de pavo	3,6	75

Carne de carnero y cordero

Alimento	Grasa	Colesterol
Carne (sin grasa)	3,4	70
Solomillo	3,4	70
Pierna	18,0	70
Chuletas	32,0	70
Lomo	13,2	65

Carne de ternera

Alimento	Grasa	Colesterol
Solomillo	1,4	90
Morcillo	1,6	90
Pierna	1,6	90
Chuleta	3,1	70
Mollejas	3,4	250
Hígado	4,1	360

Carne de buey

Alimento	Grasa	Colesterol
Solomillo	4,4	70
Pierna	7,1	120
Rosbif	10,2	120
Carne picada	3,0	70
Hígado	3,1	320
Lengua	15,9	108

Alimento	Grasa total en g/100 g de parte comestible	Colesterol en mg/100 g de parte comestible

Carne de cerdo

Alimento	Grasa	Colesterol
Paletilla	22,5	70
Codillo	16,4	70
Solomillo	11,9	60
Pierna (jamón trasero)	22,9	85
Chuleta	13,0	70
Filete	8,1	70
Cinta de lomo	17,0	70
Carne picada sin grasa	27,5	70
Hígado	5,7	346
Riñones	5,2	350

Carne de caza

Alimento	Grasa	Colesterol
Liebre	3,0	65
Ciervo	3,3	110
Corzo, pierna	1,3	110
Silla de corzo	3,6	110
Conejo	7,6	70

Embutidos y productos cárnicos

Alimento	Grasa	Colesterol
Salchicha Bockwurst	25,3	100
Salchicha Bratwurst (de cerdo)	32,4	100
Salchicha Cervelats	43,2	85
Pasta de hígado alemana	30,4	85
Chorizo	27,1	85
Salchichas de Frankfurt	24,4	65
Carne picada (mitad y mitad)	20,0	65
Embutido de carne de caza	32,8	85
Paté de hígado	28,6	unos 150
Morcilla de hígado	41,2	85
Morcilla de hígado magra	21,0	85
Mortadela	32,8	85
Salami	49,7	85
Jamón salado y cocido	12,8	85
Jamón salado y ahumado	35,0	110
Jamón cocido, sin borde de grasa	2,9	70
Tocino entreverado	65,0	90
Salchichas vienesas	24,4	85
Jamón ahumado, sin borde de grasa	5,5	70
Pechuga de pavo ahumada	1,0	60
Fiambre de pollo	0,8	60

Tablas de valores nutritivos
Contenido en grasa y composición de ácidos grasos de aceites y grasas vegetales

Alimento	Grasa total en g/100 g de parte comestible	AGP en mg/100 g de parte comestible
Aceites		
Aceite de cacahuete	99,4	31,0
Aceite de linaza	99,5	68,7
Aceite de germen de maíz	99,9	56,0
Aceite de oliva	99,6	8,0
Aceite de palma	99,8	9,0
Aceite de cártamo	99,9	75,0
Aceite de sésamo	99,5	43,2
Aceite de soja	99,9	60,0
Aceite de girasol	99,8	63,0
Aceite de nueces	99,5	70,0
Aceite dietético	93,0	65,1
Aceite de pepitas de calabaza	99,8	52,8
Grasas		
Margarina	80,0	25,5
Margarina semigrasa	40,0	18,8
Margarina dietética	80,0	48,0
Margarina dietética semigrasa	40,0	24,0
Crema dietética vegetal	73,0	47,5
Grasa dietética vegetal	100,00	60,0

Contenido en ácido graso 3-Omega de pescados de mar

Alimento Ácido graso	3-Omega en g/100 g de parte comestible
Caballa	2,5
Sardinas	1,7
Trucha	1,6
Arenque del Atlántico	1,6
Salmón del Pacífico	1,4
Atún «Albacore»	1,3
Salmón del Atlántico	1,2
Dorada	1,2
Atún	0,5
Trucha arco iris	0,5

AGP = Acidos grasos poliinsaturados

Contenido en fibra de alimentos vegetales
(Datos en g/100 g de peso del alimento fresco)

	Fibra total
Cereales	
Alforfón	3,7
Avena	5,6
Mijo	4,0
Cebada	9,8
Espelta verde	8,8
Maíz	9,2
Arroz (integral)	4,0
Arroz (pelado)	1,4
Centeno	13,2
Trigo	10,4
Productos de molienda	
Harina de trigo	2,2
Harina gruesa de trigo	11,6
Harina gruesa de trigo integral	11,6
Harina de centeno	11,3
Harina gruesa de centeno	16,8
Pan y panecillos	
Pan de tostada	3,0
Panecillo de trigo	3,0

	Fibra total
Pan de trigo mezclado	4,0
Pan de centeno mezclado	4,7
Pan de varios tipos de cereal	5,6
Pan de centeno integral	7,0
Pan enriquecido con fibra	8,3
Biscote	14,0
Biscote integral	26,0
Pan de harina gruesa de centeno	11,9
Pan de semillas de lino	12,3
Pan de cuatro tipos de cereal	8,6
Pan de granos de avena	9,8
Pan de soja	7,7
Pan de comino	9,2
Pan moreno	11,1
Otros productos a base de cereales	
Copos de trigo	11,7
Copos de centeno	11,8
Copos de avena	6,7
Copos de cebada	7,1
Copos de maíz	7,7
Sémola de trigo	5,0
Cebada mondada	10,7
Pasta alimenticia (sin cocer)	3,4
Pasta alimenticia integral (sin cocer)	8,0
Müsli	4,0
Barra de müsli	2,8
Smacks	4,3
Corn flakes	4,1
Pan tostado	3,0
Bizcocho	3,0

Copos de trigo

Salvado de trigo

Cebada mondada

Harina gruesa de trigo

Salvado de avena

Arroz integral de grano redondo

Copos de centeno

Harina gruesa de centeno

Harina gruesa integral de centeno

Harina gruesa integral de trigo

Alforfón

	Fibra total			Fibra total			Fibra total			Fibra total

Concentrados de fibra

Concentrado de cebada	65,0
Salvado de soja	59,8
Salvado de trigo	53,0
Salvado de avena con germen	18,0

Frutas

Manzana (Granny Smith)	2,1
Manzana (Boskop)	1,9
Pera	3,0
Zarzamoras	3,5
Fresas	2,0
Arándanos	4,9
Frambuesas	4,5
Grosellas	3,5
Melocotón	1,4
Ciruelas	1,7
Guindas	1,1
Cerezas	2,0
Uvas (blancas)	1,6
Piña	1,5
Aguacate	3,3
Plátano	3,0
Pomelo	1,0
Melón	1,0
Kiwi	2,2
Mango	1,7
Naranja	1,2
Papaya	1,1
Granadilla	1,5
Sandía	0,2
Limón (zumo)	0,3

Frutas secas

Albaricoque	8,0
Dátiles	9,0
Higos	10,0
Pasas de Corinto	7,0
Ciruelas	9,0
Pasas sultanas	5,4

Lechugas y verduras de hoja

Lechuga	1,5
Espinacas	2,3
Endivia	1,3
Lechuga iceberg	0,9
Escarola	1,5
Hierba de los canónigos	1,5

Coles

Coliflor	2,9
Brécol	3,0
Col china	0,9
Colinabo	1,4
Coles de Bruselas	4,4
Lombarda	2,5
Chucrut	2,2
Repollo	2,5
Col rizada	2,0

Otras verduras, champiñones

Berenjena	1,4
Hinojo	3,3
Pepino	0,9
Patata	2,5
Apio	4,2
Zanahoria	3,4
Pimiento (verde)	2,0
Puerro	2,0
Rabanito	1,0
Rábano	1,2
Ruibarbo	3,2
Remolacha	2,5
Espárrago	1,5
Tomate	1,8
Calabacín	1,1
Cebolla	3,1
Champiñones	1,9

Legumbres

Judías blancas	19,2
Judías pintas	15,5
Guisantes verdes	17,9
Guisantes amarillos	12,0
Garbanzos	9,5
Judías arriñonadas	21,3
Lentejas	10,6
Brotes de alfalfa	6,8
Brotes de soja	2,2

Frutos secos

Anacardo	2,9
Cacahuetes	7,1
Avellanas	7,4
Coco	8,0
Almendras	10,0
Nueces del Brasil	7,0
Pistachos	6,5
Nueces	4,6

Semillas oleaginosas

Pepitas de calabaza	8,8
Semillas de lino	4,0
Semillas de amapola	20,5
Piñones	1,0
Sésamo	11,9
Pepitas de girasol	6,3

Otros

Productos secos elaborados a base de soja	18,0
Harina de soja, semigrasa	14,3

Judías arriñonadas

Garbanzos

Semillas de amapola

Piñones

Pepitas de calabaza

Higos y albaricoques secos

Pistachos y cáscara de coco

Nueces

Avellanas

Dados de soja clara y oscura

Índice general de la A a la Z

Índice general de la A a la Z

Los autores

Edita Pospisil

Es diplomada en ciencias de la alimentación. En su trabajo de licenciatura estudió atentamente el tema del asesoramiento en cuestiones de alimentación, así como la importancia de las fibras. Desde el principio, cuando aún no se sabía demasiado sobre las fibras, tuvo un gran éxito con sus pacientes —diabéticos y personas con sobrepeso—, a los que asesoraba acertadamente sobre los efectos positivos de un régimen rico en fibras. Al concluir sus estudios, siguió atesorando nuevas experiencias prácticas, esta vez en el marco de la industria de los alimentos dietéticos. Desde hace algunos años es una profesional libre. Imparte seminarios sobre nutrición tanto para personas sanas como para personas que necesitan dietas. Además trabaja como periodista independiente para revistas especializadas, y sus numerosas publicaciones la han hecho popular en el campo de la alimentación. En 1988 vio la luz su primer libro de cocina para diabéticos, al que siguió, en 1989, un segundo en torno al tema de la hipertensión. El presente libro de cocina constituye su tercer trabajo, en el que pone al alcance de todos, de manera convincente y fácil de comprender, sus experiencias y conocimientos técnicos.

Peter Schwandt

Es catedrático de Medicina Interna para estudiantes de prácticas en Großhadern. Es cofundador y presidente de la Sociedad Alemana de Trastornos del Metabolismo de las Grasas Lipid-Liga, sociedad registrada, que tiene como objetivo perfeccionar la formación científica de los médicos en este terreno y adoptar medidas preventivas para la población. Es un «especialista en colesterol» muy reconocido.

Werner Richter

es doctor de Medicina Interna en el hospital de prácticas de Großhadern. Sus intereses giran de manera especial en torno a las enfermedades del metabolismo. Desde 1978 colabora estrechamente con el catedrático Dr. P. Schwandt en el campo de los trastornos del metabolismo de las grasas.

Odette Teubner

Su trayectoria profesional estaba programada desde que era pequeña, pues creció entre cámaras, proyectores de luz, cocina experimental y cuarto oscuro. Inmediatamente después de la escuela comenzó el aprendizaje con su padre, el internacionalmente conocido fotógrafo gastronómico Christian Teubner. A pesar de que Odette se convirtió pronto en una ayuda casi insustituible para su padre, siguió el consejo de éste y se dedicó por algunos meses a la fotografía de modas en Munich, a fin de evitar un desarrollo profesional unilateral. Hizo, además, un viaje de varias semanas a Alaska con el propósito de fotografiar el paisaje y la fauna. Hoy trabaja exclusivamente en el Estudio Teubner de Fotografía de Productos Alimenticios. En su tiempo libre es una entusiasta retratista infantil —con su propio hijo como modelo.

Kerstin Mosny

creció en un ambiente creativo. Después del bachillerato visitó una escuela técnica superior de fotografía en la Suiza francesa. Posteriormente trabajó como ayudante de diversos fotógrafos, entre otros con el fotógrafo gastronómico Jürgen Tapprich, en Zurich. Su inclinación hacia la fotografía gastronómica se vio reforzada gracias a un curso de cocina impartido por la famosa autora de libros de cocina Agnes Amberg. Para perfeccionar sus conocimientos de inglés, trabajó durante medio año en distintos estudios fotográficos londinenses. Desde marzo de 1985 trabaja en el Estudio Fotográfico Teubner. Se le da especialmente bien reflejar en imágenes, paso a paso, las técnicas culinarias, tal como muestran los ejemplos incluidos en este libro.

La foto de la cubierta muestra un plato de calabacín con relleno de cebada perlada y nueces (receta de la página 56). En la contracubierta pueden verse los siguientes platos: coliflor y patatas al curry, y patatas y guisantes al curry (recetas de la página 52); Verdura en gelatina y ensalada de cebollas con brotes y rabanitos (recetas de la página 95); Guiso de salmón y gambas con arroz al azafrán, y carbonero a la parrilla con salvia (recetas de la página 73); moussaka de berenjenas y patatas con soja, y hortalizas de raíz con dados de soja (recetas de la página 62).

Título original: *Cholesterinspiegel senken*

Traducción: *ASEL, S. A. (José María Sotillos)*

PRIMERA EDICIÓN, tercera reimpresión, 1994

© Gräfe und Unzer GmbH, München 1989 y.
EDITORIAL EVEREST, S. A.
Carretera León-La Coruña, km 5 - LEÓN
ISBN: 84-241-2380-8
Depósito legal: LE. 177-1991
Printed in Spain - Impreso en España

EDITORIAL EVERGRÁFICAS, S. A.
Carretera León-La Coruña, km 5
LEÓN (España)